Wie man zuhört, versteht und validiert:

Überwinden Sie unsichtbare Barrieren und verändern Sie Ihre Beziehungen

Von Patrick King
Coach für soziale Interaktion und Konversation unter
www.PatrickKingConsulting.com

Inhalt

Kapitel 1. Validierung als Kommunikationsfertigkeit

Stellen Sie sich vor, ein Paar hat eines Tages eine Diskussion, die schnell hitzig wird. Sie läuft in etwa so ab:

A: „Der Arzt hat angerufen und sie haben die Ergebnisse meines Tests zurück...“

B: „Oh mein Gott, und was war das Ergebnis?“

A: „Nun, sie sagten, es sei alles in Ordnung. Der erste Test war anscheinend nur ein Zufallstreffer. Es gibt nichts, worüber man sich Sorgen machen müsste.“

B: „Was?! Das ist ja toll! Ich bin so froh, das zu hören! Du musst so erleichtert sein ...“

A: „Nun, eigentlich weiß ich es nicht...“

B: „Du bist nicht erleichtert?“

A: „Das ist schwer zu erklären. Ich schätze, ich bin ein bisschen ... enttäuscht? Das klingt seltsam. Aber ich habe wirklich ein erschreckendes Ergebnis erwartet. *Und nun fühle ich mich fast ein bisschen enttäuscht? Ich weiß, das klingt albern...“*

B: „Das ist dumm. Du bist verrückt. Du hast keine Ahnung, wie viel Glück du hast. Wir sollten ausgehen und feiern. ”

A: „Äh, vielleicht lieber nicht. Mir ist einfach nicht danach...“

B: „Was ist los mit dir? Du machst dich lächerlich. Du willst doch nicht etwa sagen, dass du dir wünschst, der Test wäre positiv? *Das ist doch verrückt...“*

Und so weiter. Können Sie sich vorstellen, dass A weiterhin versucht zu erklären, wie er sich wirklich gefühlt hat, während B die ganze Idee als bizarr zurückweist oder sogar ein wenig wütend wird und A dafür verurteilt, dass er nicht dankbar oder begeistert ist? Überlegen Sie, wie das Gespräch anders hätte verlaufen können:

A: „Der Arzt hat angerufen und sie haben die Ergebnisse meines Tests zurück..."

B: „Oh mein Gott, und was war das Ergebnis?"

A: „Nun, sie sagten, es sei alles in Ordnung. Der erste Test war anscheinend nur ein Zufallstreffer. Es gibt nichts, worüber man sich Sorgen machen müsste."

B: „Was?! Das ist ja unglaublich! Ich bin so froh, das zu hören! Du musst so erleichtert sein ..."

A: „Nun, eigentlich weiß ich es nicht..."

B: „Du bist nicht erleichtert?"

A: „Das ist schwer zu erklären. Ich schätze, ich bin ein bisschen ... enttäuscht? Das klingt seltsam. Aber ich habe wirklich ein erschreckendes Ergebnis erwartet. Und nun fühle ich mich fast ein bisschen enttäuscht? Ich weiß, das klingt albern..."

B: „Nein, das ist nicht albern. Kannst du mir erklären, was du meinst? Ich bin ziemlich erleichtert zu hören, dass es dir gut geht, aber du scheinst ein bisschen unsicher zu sein..."

A: „Ja, ich weiß nicht... vielleicht hatte ich mich mental schon darauf eingestellt, dass es positiv sein würde..."

B: „Erzähl mir mehr. "

Stellen Sie sich vor, dass das Gespräch dann dazu übergeht, dass A erklärt, was er fühlt und warum, und B aufmerksam zuhört, nicht um gegen die Gefühle von A zu argumentieren, sondern um sie besser zu verstehen und zu unterstützen, auch wenn sie seltsam erscheinen.

Worin besteht der Unterschied im zweiten Gespräch? Die Antwort lautet: Validierung.

In diesem Buch befassen wir uns mit der Macht der Validierung: was sie ist, was sie nicht ist und wie sie genutzt werden kann, um Beziehungen zu vertiefen, Empathie zu entwickeln und die Kommunikation zu verbessern.

Validierung ist etwas, das konzeptionell leicht zu verstehen scheint, aber im wirklichen Leben subtil und schwer zu fassen sein kann. Um zu verstehen, was Validierung ist, kann es hilfreich sein, sich anzusehen, was sie *nicht ist*.

Im ersten Gespräch war die Haltung von B abweisend. Indem er A als dumm, verrückt und lächerlich bezeichnete, war die Botschaft klar: Die Art und Weise, wie A sich fühlte (und damit auch A selbst), war falsch bzw. ungültig. B fragt sogar: „Was ist los mit dir?" und sagt dann, wie A sich fühlen *sollte*. Zugegeben, dies ist ein extremes Beispiel (B ist in diesem Szenario definitiv ein Idiot!), aber wir können die Art der Abwertung deutlich erkennen.

Wenn wir jemanden für ungültig erklären, leugnen wir seine Erfahrung. Wir widersprechen ihm, untergraben ihn, zweifeln an ihm, stimmen nicht mit ihm überein oder verurteilen ihn. Wir sagen ihm, dass das, was er fühlt oder wahrnimmt, falsch, irrtümlich, nutzlos oder unerwünscht ist. Wir sagen ihm, dass das, was er durchmacht, nicht wirklich zu rechtfertigen, legitim oder „logisch" ist. Manchmal tun wir so, als ob das, was er fühlt, gegen eine objektive Realität verstößt und er sich für seine Gefühle schämen sollte. Zusammenfassend lässt sich sagen, dass es bei der Entwertung darum geht, die

Person, die vor uns steht, **nicht** so **zu akzeptieren**, wie sie ist.

Wenn wir jemanden für ungültig erklären, reagieren wir vielleicht auf seine emotionale Realität, seine Gedanken, seine Sprache, sein Verhalten, seine Überzeugungen, seine Perspektiven oder seine Ideen - aber dabei können wir ihn mehr oder weniger als Individuum für ungültig erklären. Es ist ein schmaler Grat zwischen der Aussage „Deine Reaktion ist übertrieben" und der Aussage *„Du* bist übertrieben".

Es mag den Anschein erwecken, als sei die Entwertung eine ziemlich aggressive Angelegenheit, aber in Wirklichkeit kann die Entwertung klein und subtil sein und sogar unter dem Deckmantel echter Besorgnis oder eines Versuchs, zu helfen, stattfinden. Viele Eltern sagen zum Beispiel einem verängstigten Kind, es solle nicht so albern sein und es gebe keinen Grund, sich zu fürchten. Sie wollen zwar helfen, aber die Botschaft, die das Kind hört, lautet: „Du liegst irgendwie falsch." Wenn das Kind *keine* Angst haben *sollte,* es aber trotzdem *hat,* was sagt das über es aus?

Beachten Sie auch diese kleinen, aber dennoch entkräftenden Aussagen:

„Du magst Mayonnaise zu deinen Pommes? Seltsam."

„Hey, nimm es nicht so persönlich!"

„Du regst dich über deinen stressigen Job auf? Was ist mit den Leuten, die gar keinen Job haben - was glaubst du, wie sie sich dabei fühlen?"

„Du bist im Moment nicht vernünftig, beruhige dich."

„Viele Leute sagen, dass sie keine Kinder wollen - aber du wirst deine Meinung ändern, warte nur!"

Obwohl wir alle schon einmal Empfänger von Aussagen wie den oben genannten waren - oder vielleicht solche Dinge zu anderen gesagt haben -, ist es schwierig zu erkennen, wie entkräftend sie sein können. Was fehlt in den obigen Äußerungen? Was macht sie so unangenehm zu hören?

In den folgenden Kapiteln werden wir **Validierung als den Akt der Anerkennung und Akzeptanz der**

Erfahrung einer anderen Person verstehen**, d.h. als die Mitteilung, dass sie von Natur aus gültig ist.** Validierung bedeutet nicht, dass wir mit der anderen Person übereinstimmen, dass wir ihre Erfahrungen mögen oder dass wir sie sogar verstehen. Aber es bedeutet, dass wir anerkennen, dass ihre Erfahrung das Recht hat, so zu existieren, wie sie ist. Wenn wir sehen, dass jemand wütend ist, können wir versuchen, uns gegen die Wut zu wehren, gegen sie zu argumentieren, sie zu leugnen oder ihr aus dem Weg zu gehen; oder wir können anerkennen, dass die Person wütend *ist*, und dass das so ist.

Viele Menschen tun sich schwer damit, Validierung zu geben, weil sie den Sinn nicht erkennen können. Wenn jemand eine andere innere Erfahrung macht als sie, oder ihre Wahrnehmung nicht mit dem übereinstimmt, was sie für die „objektive Realität" halten, scheinen sie zu vergessen, dass sie mitfühlend, verständnisvoll oder freundlich sein müssen.

Stellen Sie sich zum Beispiel vor, Jeremy hört Stimmen, die nicht da sind, und ist wie versteinert. Er spricht mit einem engen

Freund über seine Sorgen, aber der Freund sagt ihm sofort, dass die Stimmen nicht da sind, er *weiß,* dass sie nicht da sind, also wo ist das Problem? Der Freund spricht vielleicht von Medikamenten, um die Stimmen zum Verschwinden zu bringen, aber er sagt Jeremy auf seine Weise, dass es eigentlich keinen Sinn macht, Angst vor imaginären Stimmen zu haben.

Stellen Sie sich nun vor, dass Jeremy zu einem anderen Freund geht. Er teilt seine Sorgen mit, und dieser Freund prüft nicht, was real ist und was nicht, was eine angemessene Reaktion ist und was nicht, sondern wie Jeremy sich tatsächlich fühlt. Er sagt ihm, dass es normal und verständlich ist, Angst zu haben. Mit anderen Worten: Die objektiven Fakten seiner Erfahrung sind nicht so wichtig wie sein inneres, subjektives Erleben. Der erste Freund hat diese Erfahrung entkräftet, während der zweite sie validiert hat.

Menschen, die eher praktisch veranlagt sind, haben vielleicht Schwierigkeiten mit dem Konzept der Validierung, weil es für sie natürlicher erscheint, nach offensichtlichen Lösungen zu suchen, Daten zu sammeln,

Probleme in der „realen Welt“ zu erkennen und sie zu beheben. Sie denken vielleicht fälschlicherweise, dass Validierung bedeutet, etwas zu akzeptieren, was falsch ist, oder nichts zu tun, um das Problem tatsächlich zu beheben.

Die Validierung ist jedoch ein wichtiger und notwendiger Bestandteil der menschlichen Kommunikation, auch wenn sie nicht auf die Überprüfung oder Lösung eines Problems ausgerichtet ist.

Wenn wir uns nur auf die „Fakten“ konzentrieren, verpassen wir möglicherweise den emotionalen Inhalt, der oft einer der wichtigsten Gründe für die Kommunikation ist. Die meisten von uns halten sich gerne für einfühlsam und verständnisvoll, aber um eine echte Validierung zu erreichen, bedarf es einiger Übung, und wir alle verfehlen manchmal das Ziel. Wer hat nicht schon einmal versucht, einen Freund oder eine Freundin aufzumuntern, wenn es ihm oder ihr schlecht ging, und ihm oder ihr zu versichern, dass alles gar nicht so schlimm ist?

Warum Validierung so wichtig ist

Alle Menschen wollen das Gefühl haben, dass sie im Grunde genommen akzeptabel, ja sogar liebenswert sind.

Wir alle wollen das Gefühl haben, dass andere Menschen uns sehen, anerkennen, wer wir sind, und uns generell für wertvoll halten. Wenn Sie sich in der Kunst der Validierung üben, lernen Sie, wie Sie anderen diese Erfahrung vermitteln können. Wenn wir Menschen anerkennen, akzeptieren wir sie so, wie sie wirklich sind. Gibt es einen besseren Weg, ein guter Freund, Partner oder Elternteil zu sein?

Wenn Sie jemanden validieren, geben Sie ihm echte Unterstützung und lassen ihn wissen, dass er nicht allein ist. Das Leben kann für uns alle verwirrend und schwierig sein, aber wenn wir wirklich bestätigt werden, können wir uns sicher sein, dass wir auf dem richtigen Weg sind und dass unsere Erfahrung normal ist.

Willenskraft ist großartig, aber jeder Einzelne hat nur eine bestimmte Menge davon. Haben Sie sich nicht schon einmal stärker und leistungsfähiger gefühlt, wenn Sie die Unterstützung anderer Menschen hatten? Stellen Sie sich jemanden vor, der wirklich hart daran arbeitet, seine Esssucht zu überwinden und Gewicht zu verlieren. Er fühlt sich vielleicht völlig niedergeschlagen und allein, wenn nach Monaten noch niemand seine Fortschritte bemerkt hat. Andererseits kann es sehr viel leichter sein, weiterzumachen, wenn man regelmäßig von Arbeitskollegen unterstützt wird, die den schwierigen Weg, den man eingeschlagen hat, anerkennen und sogar die Ergebnisse anerkennen.

In der heutigen Welt sind die Menschen wohl isolierter und gespaltener als je zuvor, und viele haben wenig, worauf sie sich in Bezug auf Familie oder Gemeinschaft stützen können. Aber wenn wir keine Mitmenschen haben, die uns durch die Herausforderungen des Lebens begleiten, die unsere Anwesenheit anerkennen und sich sogar daran erfreuen, die uns zurückspiegeln, wer wir sind und wie sich unser Handeln auswirkt - nun, dann können wir schnell das Gefühl bekommen, dass wir gar nicht wirklich existieren.

Wahrscheinlich können Sie sich an einen Moment erinnern, in dem Ihnen jemand ein wirklich aufmerksames Kompliment darüber gemacht hat, wer Sie als Person sind, und wie toll Sie sich dabei gefühlt haben. Vergleichen Sie das mit dem erdrückenden Gefühl der Entfremdung, das Sie haben, wenn eine Person, von der Sie dachten, dass sie Sie gut kennt, Ihnen ein völlig bizarres Geschenk macht, das Sie hassen!

Natürlich geht es nicht nur darum, wie viele Menschen in deinem Leben sind; ohne echte Bestätigung und Akzeptanz ist es möglich, sich in einem Raum voller Menschen völlig allein und unbeachtet zu fühlen. Wir können uns verloren oder fehl am Platz fühlen, sogar in unserer eigenen Familie, oder wie Fremde sogar in unserem eigenen Land. Das Fehlen echter Bestätigung ist die Ursache dafür, dass jemand nach zwanzig Jahren Ehe seinen Ehepartner ansieht und sagt: „Ich habe keine Ahnung, wer du überhaupt bist.“

Gesehen und gehört zu werden, gibt dem Leben dagegen Festigkeit und Sinn. Es verleiht unseren Tagen Reichtum, Farbe und Tiefe. Wenn andere unsere Erfahrungen bezeugen und bestätigen, ist es, als ob sie für uns realer und handhabbarer werden. Wenn Sie lernen können, Menschen wirklich so zu sehen und zu bestätigen, wie sie sind, machen Sie gleichzeitig den Menschen und sich selbst ein wunderbares Geschenk, das in der heutigen Welt ziemlich rar ist. Wenn wir bestätigt werden, fühlen wir uns widerstandsfähiger gegenüber den Problemen des Lebens und können unsere Gefühle besser regulieren.

Wir fühlen uns wie *wir selbst*; wenn andere uns sehen und anerkennen, ist das für unsere Identität so bestätigend, als würden wir in einen Spiegel schauen und sehen, wie ein Bild auf uns zurückblickt. Durch die aufrichtige Reaktion der anderen erfahren wir, wer wir sind. Wir sehen, wie sie auf uns reagieren, sich um uns kümmern, uns zuhören, und dabei scheint es, als ob unsere Persönlichkeit Gestalt annimmt und wir die Umrisse unserer selbst klarer erkennen können.

Es geht auch ein wenig tiefer. Wenn wir jemanden validieren, sehen wir die Person nicht nur vor uns, sondern *akzeptieren* sie vollständig. Wir vermitteln mit unserer nicht wertenden Aufmerksamkeit, dass sie es wert ist, dass wir sie kennen, und dass sie wichtig ist. Auch wenn wir nicht ganz nachvollziehen können, wie es ist, in den Schuhen einer anderen Person zu stecken, ist es doch wunderbar zu zeigen, dass wir uns genug für sie interessieren, um zu *versuchen,* es zu verstehen. Viele Eltern können sich zum Beispiel nicht wirklich in die Köpfe ihrer Teenager hineinversetzen, aber manchmal reicht es aus, wenn der Teenager spürt, dass sich seine Mutter oder sein Vater überhaupt die Mühe machen.

Das soll nicht heißen, dass Validierung nur für die Person, die sie erhält, von Vorteil ist. Wenn die Bestätigung von einer Person zur anderen fließt, profitieren beide davon. Die gemeinsame Beziehung wird unmittelbar authentischer, vertrauensvoller und ehrlicher. Wenn Menschen sich wahrgenommen und akzeptiert fühlen, sind sie eher in der Lage, diese Freundlichkeit an andere zurückzugeben, was diese Beziehungen stärkt. Es gibt mittlerweile sogar Beweise dafür, dass die Validierung durch eine andere Person buchstäblich Veränderungen bei den Neurotransmittern im Gehirn hervorrufen kann.

Bei der Validierung geht es darum, die emotionale Realität einer anderen Person zu bestätigen, aber auch anzuerkennen, dass diese Person in einer völlig anderen Welt lebt als Sie und eine völlig andere Sichtweise hat als Sie selbst. Wenn Sie ein Gespräch im Geiste der Validierung führen können, sind Sie in der Lage, die Tatsache zu respektieren und zu würdigen, dass die andere Person nicht Sie ist und nicht so denkt wie Sie. Validierung fördert ein tieferes Verständnis. Das macht Sie nicht nur zu einem besseren Kommunikator, sondern erweitert auch Ihr Weltbild, und vielleicht lernen Sie dabei sogar etwas.

Ist Validierung nicht dasselbe wie Empathie?

Wenn Sie über die Tugenden und Vorteile der Praxis der Validierung lesen, haben Sie sich vielleicht gefragt, ob das dasselbe ist wie einfach nur freundlich und mitfühlend zu sein. In vielerlei Hinsicht überschneiden sich diese Konzepte bis zu einem gewissen Grad. Eine Person mit guten Validierungsfähigkeiten mag oberflächlich betrachtet nicht von jemandem zu unterscheiden sein, der einfühlsam ist, nicht urteilt oder einfach nur geschickt darin ist, Interesse an anderen zu zeigen. Aber es gibt auch Unterschiede.

Sympathie zu zeigen bedeutet, die Erfahrung eines anderen anzuerkennen, aber aus der Sicht unseres eigenen Bezugsrahmens. Zum Beispiel, wenn man weiß, dass jemand anderes bei einer Rede nervös ist, weil man selbst Angst hätte, das Gleiche zu tun.

Einfühlungsvermögen bedeutet, sich in die Erfahrungen eines anderen hineinzuversetzen und zu spüren, wie sich das anfühlt, und zwar aus der Sicht dieser Person und nicht aus Ihrer eigenen. Sie können sich zum Beispiel vorstellen, wie es sich anfühlt, die Person zu sein, die Angst davor hat, eine Rede zu halten, obwohl Sie selbst gerne öffentlich sprechen.

Eine **Validierung** zu zeigen, ist jedoch etwas anderes. Hier teilen wir mit, dass wir die Erfahrung der anderen Person gesehen oder gehört haben und dass sie *inhärent bzw. von Natur aus Gültigkeit* hat. Wir können also unserem Freund zuhören, wenn er uns erzählt, wie viel Angst er hat, seine Rede zu halten, und dies anerkennen, und wir nehmen das für bare Münze. Unsere eigenen Gefühle in Bezug auf das Sprechen in der Öffentlichkeit spielen keine Rolle, und die Meinung der anderen ist auch nicht wichtig.

Wenn wir die inhärente Gültigkeit der Erfahrung einer anderen Person anerkennen, tun wir etwas anderes als Empathie zu haben. Wenn wir mitfühlend oder einfühlsam sind, verschieben oder erweitern wir den Bezugsrahmen, um die Erfahrung einer anderen Person besser zu verstehen. Bei der Validierung hingegen nehmen wir die Erfahrung der anderen Person als den einzigen Bezugsrahmen, der zählt. Die Gefühle oder Gedanken einer Person sind vielleicht nicht angenehm, nicht sinnvoll, nicht populär, nicht zulässig oder sogar nicht verständlich. Aber sie sind dennoch gültig, weil es sie gibt und sie real sind.

Wie Sie sehen, handelt es sich um einen subtilen Punkt, der in der Praxis einen ziemlich großen Unterschied machen kann. Empathie kann oft dazu führen, dass man sich bestätigt fühlt, muss es aber nicht. Zum Beispiel könnte jemand sehr viel Mitleid mit einem Freund haben, der Schwierigkeiten hat, und sich voll und ganz einfühlen, während er immer noch glaubt, dass dessen Erfahrung nicht völlig gültig ist - z.B. „Du tust mir wirklich leid, aber ich glaube immer noch, dass du einfach überreagierst." Wie Sie Einfühlungsvermögen *und* Bestätigung miteinander verbinden können, werden wir später im Buch untersuchen.

Validierung - eine der deutlichsten Formen, um Fürsorge auszudrücken

Es gibt den stereotypen Streit, der sich gelegentlich zwischen Männern und Frauen abspielt: Die Frau ist vielleicht über etwas verärgert und erzählt dem Mann davon, der dann versucht, das Problem zu lösen, obwohl die Frau immer wieder sagt: „Ich will nur, dass du zuhörst!"

Die Validierung spielt eine wichtige Rolle bei der Bestätigung negativer Gefühle oder bei der Unterstützung von Menschen, die Stress erleben. Psychologen erforschten ursprünglich ihre Wirkung bei der Unterstützung von Menschen, die selbstmordgefährdet waren oder sich zutiefst verzweifelt fühlten, stellten aber bald das Prinzip der Validierung in den Mittelpunkt ihrer gesamten Arbeit. Schließlich suchen Menschen, die psychiatrische Hilfe in Anspruch nehmen, oft einfach nur Trost und Bestätigung.

Die Forscher Tian, Solomon und Brisini von der Penn State University haben im Jahr 2020 im *Journal of Communication* eine Arbeit veröffentlicht, in der sie beschreiben, wie Validierung genutzt werden kann, um unsere normale Art, Menschen zu trösten, zu verbessern. Sie fanden heraus, dass die Sprache, die Menschen verwenden, einen großen Einfluss haben kann.

Die meisten Menschen reagieren zum Beispiel nicht gut darauf, wenn man ihnen (subtil oder nicht subtil) sagt, was sie fühlen sollen. Die meisten von uns sträuben sich zum Beispiel gegen Plattitüden wie „Na, na, jetzt weine doch nicht“ oder „Komm schon, sieh es von der guten Seite“. Stattdessen kann es effektiver sein, einfach nachzufragen, wie sich die Person tatsächlich fühlt, anstatt ihr zu sagen, dass sie etwas anderes fühlen soll. Auf diese Weise kann sich die Person selbst äußern und ihre eigenen Schlussfolgerungen ziehen und selbst entscheiden, was sie als Nächstes tun will.

Die Autoren fanden auch heraus, dass es am besten ist, eine Sprache zu vermeiden, die Gefühle verharmlost. Wenn Ihnen jemand zum Beispiel gerade anvertraut hat, dass er sich schwer deprimiert fühlt, ist es natürlich keine gute Idee, dies als „kleine Melancholie“ abzutun und zu sagen, dass er nur eine gute Nachtruhe braucht. Es stimmt zwar, dass diese Bemerkungen gut gemeint sind, aber sie können auch das Gegenteil bewirken. Wenn sich jemand beurteilt, kontrolliert, ignoriert oder lächerlich gemacht fühlt, ist er natürlich weniger geneigt, die angebotene Hilfe anzunehmen, selbst wenn sie aufrichtig ist.

Das Problem ist, dass diese Art von Kommentaren in einem anderen

Zusammenhang durchaus nützlich gewesen sein kann. Mit Ratschlägen oder hilfreichen Vorschlägen versuchen die Menschen in der Regel nur, sich nützlich zu machen. Sie können tatsächlich sehr geschickte Kommunikatoren sein und haben die besten Absichten. Wichtig ist jedoch, dass die **Validierung nicht mit anderen Kommunikationstechniken vergleichbar ist**. Zweck und Ergebnis der Validierung sind völlig anders als z.B. das Anbieten von Ratschlägen oder das Geben von hilfreichem Feedback.

Um auf den stereotypen Streit zurückzukommen, mit dem wir begonnen haben, könnte der Mann (zu Recht) sagen, dass er versucht zu helfen, dass seine Lösung funktionieren würde und dass die Frau lächerlich ist, wenn sie sich weiterhin aufregt, obwohl eine vollkommen gute Lösung direkt vor ihr liegt. Aber die Frau könnte (zu Recht) sagen, dass sie nicht um einen Rat oder eine Problemlösung gebeten hat, sondern um Trost, d.h. um Validierung.

In gewisser Weise geht die Validierung etwas tiefer als die meisten Kommunikationsfähigkeiten und -techniken und dringt zum Kern unserer emotionalen Erfahrung vor. Sie können ein hervorragender Zuhörer sein, mitfühlend, intelligent und großartig darin, nützliche Ratschläge zu geben, aber all das spielt keine Rolle, wenn das, was wir brauchen, direkte Validierung ist.

Wir haben also gesehen, was man nicht sagen sollte, aber was sagt man zu jemandem, um seine Erfahrung zu validieren?

Denken Sie daran, dass wir, wenn wir eine Validierung anbieten, mitteilen, dass die Erfahrung der Person und sie selbst von Natur aus gültig sind. Wir können also Sätze verwenden wie:

- „Es ist verständlich, dass du so denkst."
- „Ja, das macht Sinn. Ich kann verstehen, warum du das sagst."
- „Es ist völlig normal, dass du das denkst."
- „Es tut mir leid, dass dir das so schwer fällt."

- „Kannst du mir mehr darüber sagen, wie du dich fühlst?“
- „Ich kann verstehen, warum du XYZ fühlst. ”

Wenn wir jemanden validieren, ist es manchmal das Beste, wenn wir ihm einfach ein wenig Raum geben, damit er so sein kann, wie er ist. Oft sind wir gezwungen, uns einzumischen und etwas zu sagen, *irgendetwas*, aber das ist nur, weil wir uns selbst unwohl fühlen. Es ist durchaus möglich, ein großes Maß an Mitgefühl und Akzeptanz durch einfache Laute wie „aha“ und „mmm“ oder durch einfaches Zuhören und Nicken zu vermitteln. Auf diese Weise schenken Sie der anderen Person Ihre volle Aufmerksamkeit, ohne dass Sie versuchen, Ihre eigene Interpretation durchzusetzen.

Die Validierung beruht auf der **Zentrierung der anderen Person**. Das bedeutet, dass die Person und ihre Erfahrungen im Vordergrund stehen und die Meinungen anderer Menschen, die Erwartungen der Gesellschaft, Urteile und Kritik beiseitegelassen werden. Jemanden in den Mittelpunkt zu stellen bedeutet anzuerkennen, dass die Person selbst die letzte Autorität in Bezug auf ihre eigene innere Erfahrung ist. Wenn die Person also zum Ausdruck bringt, dass sie Angst hat, obwohl es für Sie und alle anderen wie Wut aussieht, nehmen Sie sie beim Wort und gehen davon aus, dass sie in ihrem inneren Erleben tatsächlich Angst hat.

Validierung auf die richtige Weise und zum richtigen Zeitpunkt

Ist Validierung immer der richtige Ansatz? Gibt es Dinge, die wir nicht validieren sollten?

Sollten Sie zum Beispiel wirklich die Empfindungen einer Person anerkennen, wenn sie davon spricht, sich selbst oder anderen Schaden zuzufügen oder dies plant? Überspitzt gefragt: Sollten Sie die Beschwerde einer Person bestätigen, wenn es die fünfzigste Beschwerde ist, die Sie an diesem Tag bereits von ihr gehört haben? Müssen Sie die Erfahrungen einer Person bestätigen, wenn Sie, ehrlich gesagt, erschöpft sind und es Ihnen lieber wäre, wenn die Person nicht alles auf Sie abladen würde?

Die Validierung kann tatsächlich unbeabsichtigte Folgen haben und ist kein Allheilmittel. Es gibt Zeiten, in denen diese Strategie weniger geeignet ist und sogar negative Folgen haben kann. Die Validierung ist zweifellos eines der besten Beziehungs- und Kommunikationsinstrumente, aber sie sollte nicht bei jedem und in jedem Fall eingesetzt werden. Wir müssen die Situation immer noch sorgfältig bewerten, die Folgen unseres Handelns beobachten und uns entsprechend anpassen.

Auch wenn wir in diesem Buch nicht die Möglichkeit haben, das Thema Narzissmus oder Persönlichkeitsstörungen ausführlich zu behandeln, ist es doch erwähnenswert, dass wir vorsichtig sein sollten, wenn eine Person ein scheinbar bodenloses Bedürfnis nach Bestätigung hat. Narzissten fehlt es an Selbsterkenntnis oder an der Fähigkeit, sich einzufühlen, und sie werden in der Regel nicht in der Lage sein, eine sinnvolle Beziehung zu Ihnen aufzubauen, ganz gleich, wie sehr oder wie aufrichtig Sie sie bestätigen. Sie könnten die Bestätigung aufsaugen und immer mehr verlangen und dabei Ihre Grenzen mit Füßen treten. So könnten Sie sich schnell in eine ungesunde oder ko-abhängige Dynamik verwickelt sehen.

Heißt das, dass man die Erfahrungen eines Narzissten niemals bestätigen sollte? Nein, natürlich nicht. Es bedeutet nur, dass Sie ein wenig vorsichtiger sein müssen, wie Sie dies tun, und dass dabei Ihre eigenen Bedürfnisse und Grenzen respektieren sollten. Da alle Menschen Bestätigung brauchen und auch verdienen, sollte sie niemandem verwehrt werden - aber ob *Sie* die Person sein sollten, die sie in einem bestimmten Moment gibt, müssen Sie selbst entscheiden.

Validierung ist fast immer eine gute Sache, aber manchmal *reicht sie allein nicht aus*. In diesem Sinne gibt es einige Warnsignale, auf die Sie achten sollten:

Warnsignal 1: Aggressive, illegale oder unangemessene Handlungen

Vielleicht gesteht Ihnen jemand etwas Schlimmes, das er oder sie getan hat oder zu tun gedenkt. Vielleicht ist jemand bedrohlich und unvernünftig. Es gibt keinen Grund, warum Sie nicht zuhören, die Erfahrung des Betroffenen bestätigen und Fragen stellen sollten. Es gibt keinen Grund, nicht mitfühlend zu sein. Eine Bestätigung kann jedoch gefährlich nahe dran sein, sich mitschuldig zu machen. Zeigen Sie Verständnis und Mitgefühl, aber versuchen Sie, die andere Person dazu zu bringen, nützliche Maßnahmen zu ergreifen, oder alarmieren Sie im Extremfall selbst die zuständigen Behörden.

Warnsignal 2: Energie-Vampire

Wir alle fühlen uns manchmal verletzlich und brauchen Bestätigung und Unterstützung. Aber wenn Sie es mit jemandem zu tun haben, der Ihnen *ständig* die Energie raubt, aber nie konkrete Schritte unternimmt, um sich selbst zu helfen, müssen Sie vielleicht Ihre Grenzen verschärfen. Bestätigung ist großartig, aber vielleicht helfen Sie der Person sogar mehr, wenn Sie sagen: „Das klingt hart. Was willst du dagegen tun?“

Warnsignal 3: Jemand sucht Rat oder Klarheit

Bestätigung fühlt sich immer gut an. Aber manchmal sind es Wissen und Verständnis, die einen Menschen wirklich beruhigen. Wenn jemand z.B. Angst vor einer Leistungsbeurteilung am Arbeitsplatz hat, ist es vielleicht angemessener, professionell zu bleiben und die tatsächlichen Bedenken mit Fakten und einer fundierten Zusicherung anzusprechen, anstatt sich ausschließlich auf die emotionale Realität zu konzentrieren. Je nach Person oder Situation fühlt sich die Aussage „Es tut mir leid, dass Sie sich Sorgen um Ihre Leistungsbeurteilung machen" nicht so gut an wie die Aussage „Sie liegen im oberen Drittel Ihrer Klasse, machen Sie sich keine Sorgen, Sie sind in Ordnung".

Man kann nur wenig Schaden anrichten, wenn man seinem Gegenüber einfach nur zuhört und ihn akzeptiert. Dennoch lohnt es sich, regelmäßig zu fragen: „Ist das hilfreich?" Sie können sich dann entsprechend Ihrer ehrlichen Antwort anpassen.

Fazit

- Wenn wir jemanden validieren, bringen wir zum Ausdruck, dass wir die Erfahrungen, Gefühle, Gedanken und Realitäten dieser Person akzeptieren. Wenn wir jemanden im umgekehrten Falle entwerten, leugnen wir die Bedeutung seiner Probleme und Bedürfnisse oder spielen sie zumindest herunter. Obwohl Validierung heutzutage ein gängiges Wort ist, ist nicht immer klar, wie wir sie am besten anwenden oder warum wir sie überhaupt anwenden sollten. Tatsache ist, dass die Erfahrungen eines jeden Menschen von Natur aus gültig sind. Anstatt zu urteilen, sollten wir versuchen, die Menschen so zu akzeptieren, wie sie sind. Akzeptanz darf jedoch nicht mit Zustimmung verwechselt werden.

- Das Konzept der Validierung ist in der heutigen Zeit besonders relevant, da wir als Individuen sozial isoliert sind. Jemanden zu validieren ist ein Ausdruck der Solidarität mit ihm und gibt dem anderen das Gefühl, gehört und verstanden zu werden. Sie verleiht dem Leben Inhalt und ein Gefühl der Leichtigkeit, das uns sonst fehlen würde, wenn wir das Gefühl hätten, dass wir die Mühen des Lebens allein und ohne die Unterstützung anderer tragen müssen.

- Viele Menschen neigen dazu, Sympathie, Empathie und Validierung zu verwechseln, und in der Tat gibt es erhebliche Überschneidungen zwischen diesen drei Konzepten. Sympathie bedeutet jedoch, dass wir die Erfahrungen anderer durch unsere eigene Brille sehen und entsprechend reagieren. Bei der Empathie versuchen wir, uns in die Erfahrungen anderer hineinzuversetzen, so wie sie sie erleben. Bei der Validierung schließlich bringen wir lediglich unsere Überzeugung zum Ausdruck, dass die Erfahrung einer anderen Person von Natur aus gültig ist.

- Es ist ganz natürlich, dass wir uns fragen, inwieweit und wie oft wir andere validieren sollten. Wir können nicht immer alles gutheißen, vor allem dann nicht, wenn dies negative Auswirkungen haben könnte. So ist es zum Beispiel keine gute Idee, aggressives oder potenziell gefährliches Verhalten eines Menschen zu validieren. Ebenso müssen wir uns vor Energievampiren in Acht nehmen, die uns die Kraft aus den Fingern saugen, indem sie sich endlos beschweren, ohne konkrete Schritte zur Verbesserung ihrer Situation zu unternehmen. Und schließlich ist es zwar generell nicht ratsam, unaufgefordert Ratschläge zu erteilen, aber wenn Sie jemand aktiv um Ratschläge bittet, sollten Sie diese nicht durch Validierung ersetzen, da dies keinen Zweck erfüllt.

Kapitel 2. Validierung - Die grundlegenden Schritte

In diesem Kapitel werden wir uns genauer ansehen, *was man tatsächlich tun und sagen sollte,* wenn man jemanden validiert. Wir haben uns ein paar Schlüsselsätze überlegt, aber Validierung kann auf verschiedenen Ebenen stattfinden, die nicht alle in jedem Kontext anwendbar sind. Die Entscheidung, wann und wie man eine Validierung anbietet, ist eine Kunst für sich; in diesem Kapitel werden wir uns einige Rahmenbedingungen ansehen, die uns helfen, unseren Ansatz zu organisieren.

Validierung als Vermittlung von Akzeptanz

Die Psychologin Marsha Linehan schlägt einen interessanten und nützlichen Rahmen vor, der uns helfen kann, den Prozess der Validierung besser zu verstehen. Wie wir im vorigen Abschnitt gesehen haben, ist Validierung nicht immer angemessen oder hilfreich, aber das ist oft eine Frage des Grades, wie weit man geht und welche *Art* von Validierung man gibt.

Linehan zufolge gibt es sechs aufeinander folgende Validierungsstufen, wobei jede Stufe auf der vorhergehenden aufbaut. Das heißt, wenn Sie eine Validierung der Stufe 5 anbieten wollen, müssen Sie zuerst die Stufen 1 bis 4 durchlaufen haben. Sie müssen jedoch nicht unbedingt Stufe 5 erreichen - in manchen Situationen sind nur die ersten Stufen erforderlich, ohne dass Sie weiter fortschreiten. In bestimmten Situationen ist es vielleicht nicht notwendig oder gar möglich, über eine bestimmte Stufe hinauszugehen.

In jedem Fall können wir mit diesem Modell die Validierung als eine Art *kommunizierte Akzeptanz* betrachten. Denken Sie daran, dass Akzeptanz nicht Zustimmung oder Billigung (oder sogar Verständnis!)

bedeutet, sondern dass die emotionale Verbindung im Vordergrund steht, auch wenn es Konflikte oder Meinungsverschiedenheiten gibt.

Stufe 1 bedeutet, bei der anderen Person **anwesend zu sein**. Zum Beispiel still sein, genau zuhören, aufmerksam sein, mit dem Kopf nicken, Augenkontakt aufnehmen oder die Hand auf die Schulter legen, um zu zeigen, dass man da ist. Die beste Art, bei jemandem präsent zu sein, ist das „aktive Zuhören". Sie müssen der anderen Person sowohl die oben genannten nonverbalen Signale als auch verbale Signale wie ein „Ja" oder „Weiter" geben. Dies wirkt wie ein Feedback für die andere Person, und sie wird dadurch automatisch offener und ehrlicher zu Ihnen. Wenn Sie durch Ihr Telefon abgelenkt sind, während Ihnen jemand sein Herz ausschüttet, sind Sie offensichtlich nicht anwesend - aber wenn Sie sofort mit unsensiblen „Ratschlägen" beginnen und Ihre Meinung kundtun, sind Sie in diesem Moment eben auch nicht anwesend.

Auf Stufe 1 kann die größte Hürde darin bestehen, *uns selbst und unsere Emotionen* zu akzeptieren, ohne sie zu verurteilen, damit wir nicht in Verleugnung oder Rechtfertigungen flüchten, nur um die Stille zu füllen. Manche von uns fühlen sich bei intensiven Emotionen unwohl, weil sie uns dazu zwingen, uns mit unseren eigenen Erfahrungen in ähnlichen Situationen zu konfrontieren, wie sie die andere Person durchlebt. Sogar jemand, der seine Freude zum Ausdruck bringt, kann beunruhigend auf uns wirken, wenn wir gerade eine schwere Zeit durchmachen. Versuchen Sie, Ihre eigene Reaktion nicht in den Mittelpunkt zu stellen. Versuchen Sie, nicht von dem Gefühl abzulenken, das ausgedrückt wird. Dies wird bei der anderen Person Vertrauen auslösen und Trost spenden.

Stufe 2 ist die Übung der **genauen Reflexion**. Dies ist der Moment, in dem wir eine echte Antwort geben, die zusammenfasst, was wir gehört und gesehen haben. Viele Menschen tun sich mit diesem Schritt schwer, weil sie glauben, dass sie nichts Wertvolles zu bieten haben, und das verstärkt das Unbehagen, das man vielleicht auch in Schritt 1 erlebt hat. Wenn das auf Sie zutrifft, denken Sie daran, dass Sie der Person nur zeigen müssen, dass Sie ihr zugehört haben, während sie gesprochen hat; Sie müssen keine eigenen Beiträge oder Einsichten liefern. Sie können einfach sagen: „Es hört sich so an, als ob Du gerade eine schwere Zeit durchmachst“.

Die Herausforderung besteht darin, zu reflektieren, ohne herablassend, unaufrichtig oder wertend zu klingen. Auf den Tonfall kommt es an! Das gilt besonders dann, wenn Sie mit der Person in diesem Schritt nicht übereinstimmen. Denken Sie daran, dass Bestätigung nicht immer gleichbedeutend ist mit Zustimmung. Wenn Ihr Freund einen Vorfall schildert, bei dem er das Gefühl hat, nicht so hart zu arbeiten wie andere Mitarbeiter, müssen Sie nicht sagen, dass es in Ordnung ist, sich so zu fühlen, oder irgendwie rechtfertigen, dass er nicht so hart arbeitet. Sie können einfach sagen: „Vielleicht bist du zu hart zu dir.“ Es kommt auf die Authentizität Ihrer Überlegungen an und nicht darauf, ob sie die Aussage der anderen Person bestätigen. Vielleicht führt Ihre Reflexion dazu, dass die andere Person erkennt, dass sie aus irgendeinem Grund tatsächlich zu hart mit sich ins Gericht geht.

Stufe 3 ist, in Ermangelung eines besseren Wortes, **Gedankenlesen**, d.h. der Versuch, die Gedanken und Gefühle der anderen Person zu erraten. Das kann natürlich schwierig sein, und wir alle unterscheiden uns in unserer „emotionalen Kompetenz" und unserer Fähigkeit, andere zu lesen. Hinzu kommt, dass die Menschen nicht immer sicher sind, was sie selbst fühlen, und es vielleicht gewohnt sind, das eine auszudrücken, während sie etwas anderes empfinden, oder ihr wahres Empfinden völlig zu verbergen. In diesem Schritt geht es darum, möglichen Gefühlen und Gedanken einen Namen zu geben. Wie Sie sehen, ist dies eine natürliche Erweiterung des vorherigen Schritts: „Es klingt, als ob du gerade eine schwere Zeit durchmachst. Ich frage mich, ob du dich von dem, was passiert ist, überwältigt fühlst."

Die Herausforderung besteht darin, die eigene Voreingenommenheit und die eigenen Erwartungen so weit wie möglich aus dem Weg zu räumen und auch bereit zu sein, eine Vermutung fallenzulassen, falls die andere Person Ihnen mitteilt, dass sie nicht so denkt. Es kann tatsächlich entkräftend sein, wenn jemand anderes Ihre Situation falsch interpretiert - so als ob er Sie nicht gehört hätte oder seine eigenen Absichten hätte. Nutzen Sie Ihr Wissen über die andere Person so weit wie möglich. Überlegen Sie, wie sie normalerweise auf ähnliche Situationen reagiert oder in der Vergangenheit reagiert hat. Es ist sehr wahrscheinlich, dass sie auch jetzt die gleiche Reaktion zeigt. Manche Menschen tun oder sagen bestimmte Dinge, wenn sie verschiedene Gefühle empfinden. Manche Menschen sprechen zum Beispiel in kürzeren Sätzen, wenn sie verärgert sind. Achten Sie auf solche Hinweise und nutzen Sie sie, um die Gedanken der anderen Person zu lesen.

In Stufe 4 **ordnen** wir **die Erfahrung der Person in ihren einzigartigen Kontext ein**. Das bedeutet nicht, dass man den Seelenklempner spielt und wilde Theorien und Annahmen aufstellt, sondern dass man sieht, was man über die andere Person als Ganzes weiß. Was ist in ihrer Vergangenheit geschehen, um die aktuelle Situation verständlicher zu machen? Welchen Einfluss hat die einzigartige Lebenssituation der Person auf das, was sie Ihnen erzählt? Sie könnten diesen Kontext anerkennen, indem Sie etwas sagen wie: „Nun, es macht Sinn, dass du im Moment von all dem überwältigt bist, da du in letzter Zeit so viele große Veränderungen in deinem Leben erlebt hast."

Stufe 5 beinhaltet die **Normalisierung von Reaktionen**. Ein großer Teil der Validierung besteht darin, zu wissen, dass man nicht seltsam, falsch oder schlecht ist, sondern dass man eine völlig normale und sogar gewöhnliche Erfahrung macht. „Ich bin sicher, jeder würde sich gestresst fühlen, wenn er so viel zu tun hätte wie du!

Auf Stufe 6, der letzten Stufe, geht es darum, eine **radikale Aufrichtigkeit** zu vermitteln. Dies führt zu einer tieferen emotionalen Akzeptanz und bedeutet, dass wir auf einer persönlichen Ebene auf die andere Person zugehen und unsere gemeinsame menschliche Verbindung und Erfahrung betonen. Auf dieser Ebene können Sie etwas über sich selbst preisgeben oder ein wenig verletzlich werden - aber was immer Sie tun, es muss ein *authentischer* Ausdruck sein, der zeigt, dass Sie wirklich verstehen, was die andere Person Ihnen sagt. Sie sollten jedoch darauf achten, dass Sie dem anderen nicht das Gefühl geben, dass Sie das Gespräch an sich gerissen haben und es nur noch um Sie selbst geht.

Wie Sie sehen, erfordert jede Situation ein anderes Maß an Validierung - und es hängt auch von *Ihrem* Kontext und Ihrer Beziehung zu der Person ab. Natürlich müssen Sie sich nicht stur an die sechs Stufen halten, wenn ein Freund oder eine Freundin Sie um Unterstützung bittet. Vielmehr sollten Sie sich die Validierung auf einer gleitenden Skala vorstellen - erkennen Sie die Situation und erhöhen Sie den Grad Ihrer Validierung entsprechend.

Wie man jemanden validiert - Der Rahmen

Lassen Sie uns noch tiefer eindringen. Die Validierung ist eine Art der Kommunikation, und ihr Zweck ist es, Akzeptanz zu vermitteln. Werfen wir nun einen Blick auf einen detaillierten Rahmen, den wir Schritt für Schritt befolgen können, wenn wir Validierung anbieten wollen. In der Realität gehen die sechs oben beschriebenen Stufen fließend ineinander über. Es gibt verschiedene Techniken, Ansätze und Fähigkeiten, die mit jeder Stufe verbunden sind und deren Wirksamkeit wiederum von der Person abhängt, mit der Sie sprechen. Betrachten wir jede Ebene im Detail.

Schritt 1 - Wie man präsent ist: Zuhören!

Egal, wie die Situation aussieht, Sie sollten immer mit offenem Geist und ruhiger, konzentrierter Aufmerksamkeit für die andere Person an die Sache herangehen. Sie kommen nicht mit einer Agenda. Vielmehr hören Sie aufmerksam zu, um den Standpunkt und die Erfahrungen der anderen Person besser zu verstehen. Das kann sogar der schwierigste Teil sein, denn wenn wir uns kümmern und helfen wollen, drängt es uns vielleicht zu reden, Ratschläge geben und so weiter.

Widerstehen Sie diesem anfänglichen Drang und lassen Sie die andere Person die

Führung übernehmen. Lassen Sie sie sprechen und hören Sie wirklich nur zu. Hier ist Ihre verbale Kommunikation größtenteils ausgeschaltet, und Ihre nonverbale Kommunikation tritt in den Vordergrund.

Aufmerksame Körpersprache: Behalten Sie immer eine offene Körperhaltung und einen offenen Gesichtsausdruck, und drehen Sie Ihren Körper so, dass Sie den Gesprächspartner ansehen. Entspannen Sie sich. Nehmen Sie Augenkontakt auf, wenn Sie das Gefühl haben, dass es angebracht ist. Bei diesem Augenkontakt geht es um interessierte, respektvolle Aufmerksamkeit und nicht um ein Verhör. Spiegeln Sie die Körpersprache des Gegenübers so genau wie möglich. Wenn er mit gekreuzten Beinen sitzt, tun Sie das Gleiche. Wenn er seine Arme auf den Tisch gelegt hat, sollten Sie das auch tun. Schaffen Sie Ablenkungen aus dem Weg - legen Sie Ihr Handy weg, schalten Sie den Fernseher aus und zeigen Sie mit Ihrem Körper: „Ich bin jetzt hier, und ich möchte mir anhören, was Sie zu sagen haben. Es ist auch eine gute Idee, sich dem Tonfall und dem Sprechtempo sowie der „Energie“ des Gesprächspartners anzupassen. Wenn er zum Beispiel leise und zögerlich ist, seien Sie ebenfalls leise und gehen Sie vorsichtig vor.

Sie können ihn auch ermutigen, sich zu öffnen, indem Sie fragen: „Möchtest du reden? Ich bin ganz Ohr.“ Sie könnten ermutigende „Aha“-Laute oder etwas Ähnliches von sich geben, aber bei diesem Schritt kann Schweigen als Einladung an die andere Person, etwas zu erzählen, Wunder wirken.

Beispiele: Ihr Mitbewohner ist gerade nach Hause gekommen und wirkt sichtlich aufgewühlt. Als Sie das sehen, schließen Sie Ihren Laptop und wenden sich ihm mit besorgter Miene zu. Er sagt, er habe gerade einen Autounfall gehabt und sei ziemlich durch den Wind. Ohne viel zu sagen (vielleicht ein einfaches „Erzähl mir, was passiert ist“), setzen Sie sich zu ihm und hören einfach zu, ohne ihn zu unterbrechen, während er seine Geschichte erzählt.

Oder stellen Sie sich vor, eine Frau sagt ihrem Mann, dass sie reden müssen. Sie setzen sich zum Gespräch zusammen, und sie beginnt zu erklären, was sie bedrückt und dass sie wütend auf ihn ist. Obwohl es für den Ehemann verlockend wäre, sofort auf das zu reagieren, was sich wie Anschuldigungen anfühlt, wartet er, bis sie ihren Teil gesagt hat.

Obwohl ihm das, was er hört, nicht wirklich gefällt, bemüht er sich, einfach nur zuzuhören und die Dinge aus ihrer Sicht zu sehen, auch wenn er gerne seine eigene Sichtweise teilen würde. Wenn sie mit dem Reden fertig ist, macht er eine kleine Pause, damit sie nicht das Gefühl hat, dass er nur darauf wartet, dass sie die Klappe hält, damit er mit einer Gegenrede einsteigen kann!

Schritt 2 - Wie man reflektiert: Fragen stellen

Wenn die Person einfach nur gehört werden wollte und sich sofort besser fühlt, können Sie manchmal schon bei Schritt 1 aufhören. Es kann aber auch sein, dass sich das Gespräch ganz natürlich auf Ihre Reaktion auf das Gehörte verlagert. Damit zeigen Sie der Person aktiv, dass Sie ihr zugehört haben, denn wenn Sie das Gesagte umschreiben, spiegeln Sie es der Person zurück.

Aber wenn Sie zurückblicken, fühlen Sie sich nur bestätigt, wenn es *richtig* ist. Am einfachsten ist es, das Gehörte buchstäblich zu wiederholen. Sie können die Reflexion nutzen, um das Gesagte zusammenzufassen, um die wichtigsten Teile der Geschichte zu wiederholen oder um das Wesentliche dessen, was der Betreffende fühlt, herauszuarbeiten. Wenn zum Beispiel jemand von einer langen Liste von stressigen Ereignissen, die ihm an diesem Tag widerfahren sind, berichtet, können Sie sagen: „Wow, es scheint, als ob im Moment so viel los ist."

Machen Sie sich keine Sorgen, dass Ihre Aussage zu offensichtlich erscheint. Wenn Sie Ihre Meinung wiedergeben, ist es, als würden Sie der anderen Person helfen, ihre Geschichte zu erzählen. Es lässt sie wissen, dass Sie ihr zuhören und dass Sie sie verstehen. Es zeigt ihnen, dass das, was sie zum Ausdruck bringen, tatsächlich angekommen ist und dass die Kommunikation funktioniert.

Sie müssen sich nicht mit klug klingenden Vermutungen einmischen oder ihr sagen, was sie fühlt - wenn Sie es nicht wissen, können Sie immer fragen! Fragen zu stellen ist eine weitere Bestätigung dafür, dass Sie zuhören und sich engagieren und dass das, was sie sagt, wichtig ist. Fragen können eine Person dazu anregen, weiter zu erzählen, und ihr helfen, in ihrer eigenen Zeit zu einer klareren Schlussfolgerung zu gelangen.

Unterstützende Fragen:

„Okay, ich möchte verstehen, was du meinst, wenn du XYZ sagst... kannst du mir mehr dazu sagen?"

„Und, was hältst du davon?"

„Was glaubst du, wie es weitergeht?"

„Kannst du mehr über XYZ sagen?"

„Und wie fühlst du dich bei all dem?"

Obwohl es an sich keine schlechte Frage ist, sollten Sie die Frage „Und wie fühlst du dich dabei?" vermeiden, da sie etwas kitschig wirken kann!

Beispiele: Wenn jemand gerade ausführlich ein kompliziertes

Familiendrama erklärt hat, sind Sie vielleicht etwas verwirrt über die Details. Durch Nachfragen können Sie zeigen, dass es Ihnen wichtig ist, die Feinheiten zu begreifen. „Wie ist denn das Verhältnis zwischen deiner Mutter und deiner Schwester?“ oder „Du bist also besorgt, dass sie das Gespräch ohne dich geführt haben? Habe ich das richtig verstanden?“ Die direkte Frage, ob Sie alles richtig verstanden haben, zeigt nicht nur, dass Sie verstehen wollen, sondern auch, dass Sie die andere Person in den Mittelpunkt stellen, was an sich schon eine Bestätigung darstellt.

Fragen dienen aber nicht nur Ihrer eigenen Klärung. Sie wissen vielleicht, wie eine bestimmte Geschichte ausgeht, aber wenn Sie Fragen dazu stellen, vermitteln Sie der anderen Person Ermutigung und Akzeptanz, wenn sie sich durch die Geschichte arbeitet. „Okay, dann hat dir deine Mutter also von diesem Gespräch mit deiner Schwester erzählt. Was ist dann passiert?“

Es können sowohl Fragen als auch Erklärungen verwendet werden, um denselben Effekt zu erzielen. Unabhängig davon, ob Sie es als offensichtliche Frage oder eher als vorsichtige Aussage formulieren, fragen Sie im Wesentlichen: *Habe ich das verstanden? Ist es für Sie so?*

Schritt 3 - Wie man Gedanken liest: Gefühlswörter verwenden

Wenn Sie eine Weile im vorherigen Schritt verbracht haben, werden Sie vielleicht feststellen, dass Sie ganz natürlich in diesen dritten Schritt übergehen, in dem Sie direkter über die Erfahrungen der anderen Person sprechen. Zu Beginn haben Sie der Person zugehört und ihr geholfen, ihre Geschichte zu erzählen, und wenn Sie fortfahren, ist es, als würden Sie ihr helfen, dieser Geschichte mehr Form und Struktur zu geben. Das macht Sinn, wenn man darüber nachdenkt: Wenn Menschen verärgert oder emotional aufgewühlt sind, denken sie vielleicht nicht besonders klar oder rational. Sie müssen zuerst die Gefühle ausdrücken, die sie empfinden, und können erst dann einen Weg finden, die Erfahrung zu verarbeiten und zu integrieren.

In diesem frühen Stadium sollten Sie vermeiden, Ihre eigenen Interpretationen in die Dinge einfließen zu lassen. Betrachten Sie sich als eine Art Ratgeber oder sogar Hebamme, die einer Person hilft, ihre eigenen Erfahrungen zu verarbeiten, ohne dass es dabei zu sehr um Sie selbst geht. Manchmal kann es hilfreich sein, die Gefühle der Betroffenen in Worte zu fassen, wenn sie aufgebracht sind. Einfach zu sagen: „Ich bin im Moment so enttäuscht" ist ein Schritt in Richtung Anerkennung und Akzeptanz der eigenen Erfahrung.

„Gedankenlesen" ist hier vielleicht ein irreführendes Wort, denn Sie sollten nicht das Gefühl haben, dass Sie raten. Bieten Sie aber *versuchsweise* ein Gefühlswort an, das das erfassen könnte, was sie durchmachen. Auf diese Weise helfen Sie den Menschen, ihre eigenen Interpretationen und Schlussfolgerungen zu ziehen. Natürlich sollten Sie nicht einfach damit herausplatzen: „Du bist depressiv" oder jemandem pauschal sagen, wie er sich fühlt.

Redewendungen zum Ausprobieren:

„Es scheint mir, als ob..."

„Ich frage mich, ob XYZ der Fall ist..."

„Du scheinst im Moment ziemlich wütend/aufgeregt/ängstlich/verwirrt zu sein." (In einem sanften, nicht wertenden Ton gesagt.)

„Glaubst du, dass du dich dadurch XYZ gefühlt hast?"

„Ich sehe, dass du verletzt bist."

„Nach dem, was du sagst, klingt es so, als ob du bei der ganzen Sache XYZ fühlst."

Beispiele: Jemand könnte ausführlich erklären, was ihm an einem seiner Freunde stört, und eine Liste von Vergehen aufzählen, einschließlich des letzten, das einen kleinen Streit verursacht hat. Aber wenn Sie zuhören, stellen Sie fest, dass derjenige nicht direkt gesagt hat, wie er sich fühlt. Vielleicht ist es Ihnen beiden klar, aber Sie sagen: „Wow, es scheint, als gäbe es in dieser Freundschaft eine Menge Frustration."

Indem Sie der Sammlung von Erfahrungen ein einziges Wort hinzufügen, zeigen Sie nicht nur, dass Sie zugehört haben, sondern auch, dass Sie tatsächlich alles zusammenfassen und das Gesamtbild sehen können. Das kann ein Gespräch wirklich voranbringen, und die andere Person könnte sagen: „Ja, das ist genau richtig. Wir scheinen in letzter Zeit immer mehr voneinander *frustriert* zu sein...“.

Es ist zwar niemals Ihre Aufgabe, jemandem zu sagen, wie er sich fühlt, aber er kann seine Gefühle selbst viel klarer sehen, wenn Sie sie zurückspiegeln. Wenn ein anderer Freund sich darüber beklagt, dass er die männlichen Freunde seiner Freundin satt hat, könnten Sie nach einer Weile sagen: „Ich frage mich, ob du eifersüchtig bist?“

Selbst wenn Sie sich beim Gedankenlesen irren, solange Sie nicht wahnsinnig beleidigend werden, wird die andere Person Ihre Bemühungen wahrscheinlich zu schätzen wissen. Und wenn sie Sie korrigiert, ist sie wieder an einem offenen Austausch beteiligt - eine Win-Win-Situation.

Schritt 4 - Wie man den Kontext findet: Erfahrungen validieren und in den Mittelpunkt stellen

Auch hier kann ein Schritt in den nächsten übergehen, und das Stellen von Fragen oder das Lesen von Gedanken kann leicht zu diesem Schritt führen. In dieser Phase wollen Sie ein starkes Gefühl des Verständnisses vermitteln, wer die Person ist und wie ihre Erfahrung wirklich einzigartig für sie ist. Sie möchten die Person in den Mittelpunkt stellen und sich auf ihre Welt und das Gefühl, Teil dieser Welt zu sein, konzentrieren.

Auch hier bieten Sie immer noch nicht Ihre eigenen Interpretationen an, sondern helfen der anderen Person lediglich, ihre Ideen zusammenzufassen, damit sie selbst ihre eigenen Schlussfolgerungen ziehen kann. Wir können Menschen, die wir nicht so gut kennen, durchaus eine Bestätigung geben, aber in der Regel wissen wir zumindest ein wenig über sie und ihre Geschichte.

Wenn wir eine andere Person validieren und in den Mittelpunkt stellen, sagen wir ihr, dass *ihre Perspektive gültig ist. Diese Geschichte und die Art und Weise, wie du sie erlebst, macht Sinn.* Wir können zum Beispiel sagen: „Ich kann total verstehen, warum du ausgeflippt bist, als das passiert ist. Da du in der Vergangenheit schon schlechte Erfahrungen mit solchen Dingen gemacht hast, ist es nicht verwunderlich, dass du so reagiert hast."

Wir können eine Menge Bestätigung geben, indem wir die einzigartige Perspektive und Geschichte einer Person anerkennen. Dadurch können sich die Menschen wirklich gesehen und gehört fühlen. Einige der folgenden Sätze können für sich allein verwendet werden, um Bestätigung zu geben, sie können aber auch erweitert und in Bezug auf den Kontext der Person oder die breitere Situation formuliert werden.

Formulierungen, die die einzigartige Erfahrung einer Person bestätigen:

„Ich kann gut verstehen, dass du dich in dieser Situation so fühlst.

„Wenn man bedenkt, dass du eine Frau/Muslimin/Australierin/Turnerin bist, kann ich verstehen, warum du so reagiert hast."

„Was du sagst, macht für mich absolut Sinn."

„Es ist verständlich, dass du dich so fühlst."

„Nun, du hast einen Grund für deine Gefühle, und ich verstehe das vollkommen."

Beispiel: Wenn Ihnen jemand erzählt, dass er nach dem Erleben eines Gewaltverbrechens mit einer PTBS zu kämpfen hat, können Sie zunächst zuhören (präsent sein) und dann Fragen stellen, um die Erfahrung der Angst zu vertiefen (damit Sie reflektieren können). Dann könnten Sie dazu übergehen, etwas zu sagen, das ihre Erfahrung vage zusammenfasst (Gedankenlesen, z.B. „Du standest sicher unter großem Stress"), und dies in einen größeren Kontext einbetten („angesichts dessen, was du bereits durchgemacht hast, ist es keine Überraschung, dass du dich so fühlst").

Schritt 5 - Wie man normalisiert: Verzichten Sie auf ein Urteil

Verurteilung und Akzeptanz können nicht gleichzeitig existieren. Wenn wir Menschen anerkennen, erkennen wir an, dass ihre Erfahrung gültig ist und zu ihnen gehört, was auch immer das ist. Wir können dies nicht richtig tun, wenn wir eine Menge Kritik oder Urteile darüber haben, was *wir* von ihnen halten. Vielleicht stimmen wir nicht mit ihrer Einschätzung der Ereignisse überein. Vielleicht denken wir, dass sie dumm sind oder etwas Wichtiges übersehen haben. Vielleicht sind sie wütend auf uns, und wir wollen uns verteidigen. Oder wir können ihre Reaktion nicht ganz nachvollziehen und sie erscheint uns wirklich irrational.

Wenn wir jedoch versuchen, die Erfahrung eines Menschen zu normalisieren, sagen wir ihm damit, dass sie *akzeptabel* ist und dass wir ihn für das, was er durchmacht, nicht verurteilen. Man muss nicht mit ihm übereinstimmen oder seine Meinung teilen. Man muss sich nicht mit der Art und Weise, wie er seine Geschichte erzählt, oder mit dem, worauf er sich konzentriert, identifizieren. Aber Sie können ihm dennoch vermitteln, dass *er* ein Recht darauf hat, sich so zu fühlen, unabhängig davon, wie Ihre Erfahrungen im Vergleich zu seinen sind.

Viele Menschen haben die Erfahrung gemacht, dass sie andere um Unterstützung, Mitgefühl oder (seien wir ehrlich) um eine gute altmodische Schimpftirade gebeten haben, nur um ihre Erfahrungen validiert zu bekommen. Sie möchten sich nur bestätigt und angehört fühlen, aber stattdessen versucht die andere Person vielleicht, herauszufinden, wer die Schuld trägt und warum, und was die logische und „richtige" Antwort ist.

Es gibt aber auch Menschen, die die Gefühle anderer als bedrohlich, unangenehm oder unbehaglich empfinden. Da sie sich nicht in der Lage fühlen, z.B. traurige Gefühle bei sich selbst zuzulassen und zu akzeptieren, reagieren sie unangemessen, wenn sie diese bei anderen sehen. Ihre Reaktion ist dann, zu urteilen. „Ach, du übertreibst, das ist doch nicht so schlimm" oder „Komm schon, du bist ein Jammerlappen, Kopf hoch!"

Wenn wir jedoch normalisieren, vermitteln wir, dass alle Gefühle und alle Erfahrungen gültig sind. Nur weil manche Gefühle unangenehm oder konfrontierend sind, heißt das nicht, dass es falsch ist, sie zu erleben. Die Kehrseite der Medaille ist jedoch, dass wir uns leicht auch des umgekehrten Urteils schuldig machen können, insbesondere wenn wir versuchen, unterstützend oder hilfreich zu sein. Wenn wir etwas sagen wie: „Oh, es ist so gut, dass du endlich über diesen Verlust trauerst" oder „Na los, Mädchen, werde wütend!", dann fällen wir damit gleichzeitig auch ein Werturteil über eine Erfahrung.

Wir müssen über die spezifische Emotion, den Gedanken oder die Erfahrung hinaus auf die Person schauen, die sie erlebt. Wir müssen in der Lage sein, zu dieser Person zu sagen: „Es ist in Ordnung, so zu sein, wie du jetzt bist, und zu fühlen, was du fühlst." Wollen wir nicht alle tief im Inneren wissen, dass wir nicht schlecht, falsch oder seltsam sind? Fühlen wir uns nicht alle etwas besser, wenn wir wissen, dass wir nicht die Einzigen sind, die so fühlen, wie wir es gerade tun?

Wege zur Nichtbeurteilung und Normalisierung:

„Ich glaube, die meisten Menschen würden sich an deiner Stelle genauso fühlen.

„Es ist völlig normal, dass du dich so fühlst.“

„Ich wäre auch verärgert. ”

„Es ist nichts Falsches daran, diese Gedanken zu haben.“

„Du bist nicht allein.“

„Hey, ich bin froh, dass du mir gesagt hast, was du fühlst.“ (den Akt des Teilens normalisieren)

Manchmal ist der beste Weg, unsere Akzeptanz zu zeigen und ein Gefühl der Normalität zu vermitteln, nicht die Worte, die wir sagen, sondern die Art und Weise, wie wir uns verhalten, und was wir eben *nicht* sagen. Versuchen Sie zu vermeiden, sich darüber zu äußern, welche Gedanken und Gefühle gut oder schlecht sind. Kommentieren Sie nicht die Stärke oder Angemessenheit eines Gefühls, indem Sie zum Beispiel sagen, dass eine Emotion zu viel oder zu wenig ist. In einem späteren

Kapitel werden wir uns genauer ansehen, wie man *nicht* validiert.

Beispiele: Ein Kind offenbart seiner Mutter ein ziemlich schockierendes Geheimnis, aber die Mutter achtet darauf, nicht entsetzt zu wirken. Indem sie sagt: „Ich bin froh, dass ich es weiß, es war richtig, dass du es mir gesagt hast, und es ist verständlich, dass du darüber verärgert bist", vermittelt sie sowohl, dass die Gefühle des Kindes berechtigt sind, als auch, dass es willkommen und akzeptabel ist, sich mitzuteilen - eine zutiefst beruhigende Haltung, wenn jemand in Not ist.

Die Normalisierung kann auch kurz und selbstverständlich erfolgen. Zum Beispiel teilt jemand seinem Therapeuten etwas mit und schließt mit „aber ich bin sicher, Sie sind es gewohnt, in Ihrer Praxis viel wichtigere Probleme zu sehen." Der Therapeut kann antworten: „Ihr Problem *ist* wichtig. Und viele Menschen kommen mit genau den gleichen Sorgen wie Sie hierher."

Schritt 6 - Wie man echte Bestätigung zeigt: Echt sein

Wenn jemand um Hilfe und Unterstützung bittet, möchte er auf keinen Fall das Gefühl haben, dass er dadurch schwach oder falsch ist. Wenn wir uns anderen gegenüber öffnen, stellen wir uns gerne vor, dass sie ein wenig von dem verstehen, was wir sagen, denn auch sie sind Menschen, die Leid, Verlust, Verwirrung und andere negative Gefühle erlebt haben. Wenn die Person, die uns zuhört, sich im Gegenzug ein wenig öffnen kann, fühlen wir uns bestätigt. Man *sagt* uns nicht nur, dass es wir normal und nicht allein sind - wir erleben es tatsächlich.

Diesen letzten Schritt, echte menschliche Zuwendung und Verständnis zu zeigen, kann man nicht vortäuschen. Eine Möglichkeit, dies zu tun, besteht darin, etwas von Ihren eigenen Erfahrungen mitzuteilen. Damit wollen Sie nicht das Gespräch ablenken oder die Aufmerksamkeit für sich beanspruchen, sondern bestätigen, dass auch Sie ein wenig wissen, wie sich das anfühlt. „Ich habe letztes Jahr meinen Vater verloren, und ich erinnere mich, dass ich mich auch so gefühlt habe."

Ja, es ist immer besser, mehr zuzuhören und weniger zu reden. Sie wollen nicht in einen belehrenden Ratschlag oder eine Geschichte darüber verfallen, wie Sie die Dinge besser gemacht haben, aber sich selbst ein wenig verletzlich zu zeigen, kann eine starke Sache sein. Erzählen Sie keine Geschichte, nur um einen Punkt zu machen oder einen Ratschlag einzuschmuggeln - zum Beispiel: „Als mein Vater starb, habe ich mit dem Joggen begonnen. Das war das Einzige, was mich bei Verstand gehalten hat" (d.h. ich denke, *Sie* sollten das auch tun). Vielmehr zeigen Sie Ihrem Gesprächspartner, dass Sie seine Gefühle aus erster Hand kennen.

Wir werden uns hier keine hilfreichen Sätze oder Beispiele ansehen, da es in diesem Schritt darum geht, aufrichtig zu reagieren, als der echte Mensch, der Sie sind. Seien Sie ehrlich. Es kann so einfach sein wie zu sagen: „Ich weiß, wie du dich fühlst", aber wenn Sie wirklich *zeigen* können, dass Sie es wissen, umso besser. „Habe ich dir schon mal erzählt, dass mir letztes Jahr das

Gleiche passiert ist?“ Sollten Sie die Gefühle ihres Gesprächspartners nicht nachvollziehen können, ist es wahrscheinlich besser, das einfach zu sagen, anstatt zu versuchen, Ihre eigenen Erfahrungen in den Versuch einzubauen, nur um mit denen des anderen übereinzustimmen.

Wie Sie sehen, werden Sie zu keinem Zeitpunkt dieses Prozesses Probleme lösen, Lösungen, Ratschläge oder Vorschläge anbieten, argumentieren, beschuldigen, „die Wahrheit“ herausfinden oder entscheiden, ob die Reaktionen der Person angemessen sind oder nicht. Sie versuchen auch nicht zu „helfen“, indem Sie weise Worte sprechen oder Ihre eigenen Erfahrungen als inspirierendes Beispiel verwenden.

Der oben beschriebene Prozess kann sich über eine Stunde hinziehen, mit mehreren Schleifen zu den vorangegangenen Phasen. Die Person muss vielleicht noch tiefer graben, einige Dinge wieder aufwärmen oder die ganze Geschichte von vorne erzählen, bevor sie bereit ist, weiterzumachen oder sogar um Rat zu fragen. Es kann aber auch sein, dass der

Prozess in einer Minute vorbei ist und nicht bis zum Ende durchläuft. Die Art und Weise, wie sich die Validierung entfaltet, hängt von nur zwei Dingen ab:

- Die Bedürfnisse der Person, die die Validierung erhält
- Die Fähigkeiten, Grenzen und Fertigkeiten der Person, die die Validierung anbietet

Fazit

- Marsha Linehan hat ein umfassendes, sechsstufiges Modell der Validierung entwickelt, das wir anwenden können, wenn wir anderen zuhören. Jeder Schritt in diesem Modell baut auf dem vorhergehenden auf. Man kann nicht von Schritt 1 zu Schritt 6 springen, sondern muss jeden Schritt in der Reihenfolge befolgen, um jemanden auf die bestmögliche, beruhigende Weise zu validieren.
- Der erste Schritt in diesem Modell besteht darin, einfach präsent zu

sein. Hier müssen Sie der anderen Person aktiv zuhören und genau aufpassen. Geben Sie der anderen Person subtiles Feedback durch verbale und nonverbale Hinweise, die bestätigen, dass Sie ihr zuhören. Dadurch fühlt sich die andere Person bei Ihnen wohler. Der zweite Schritt ist die genaue Reflexion. Hier müssen Sie das Gesagte zusammenfassen, um sich zu vergewissern, dass Sie verstanden haben, was Ihnen gesagt wurde. Halten Sie es einfach, aber aussagekräftig.

- Versuchen Sie als Nächstes, die subtilen Hinweise der anderen Person zu lesen. Dies erfordert einige Vermutungen, aber Sie brauchen nur so viele Informationen, dass Sie die Worte der Person mit einer Emotion verbinden können. In Schritt vier versuchen Sie dann, die Gedanken und Gefühle der Person in einen Zusammenhang mit aktuellen Ereignissen in ihrem Leben oder mit früheren Erfahrungen zu bringen, die sich auf ihre Reaktion ausgewirkt haben könnten.

- Schritt fünf besteht darin, der anderen Person einfach zu versichern, dass ihre Reaktion vernünftig ist und jeder andere in ihrer Lage genauso empfinden würde. In Schritt sechs schließlich können Sie die Erfahrungen der anderen Person mit Ihren eigenen vergleichen, wenn Sie sich in einer ähnlichen Situation befunden haben. Wenn Sie sich hier verletzlich zeigen, können Sie eine stärkere Bindung aufbauen und zu weiteren Gesprächen und Vertrauen einladen.

Kapitel 3. Invalidierung und Selbstvalidierung

Indem wir über Validierung sprechen, sprechen wir naturgemäß auch ein wenig über ihr Gegenteil. Die Erfahrung von jemandem nicht zu validieren, ist jedoch selten so offenkundig wie „Hey, deine Gefühle sind scheiße, und du bist als Person nicht gültig!" Tatsächlich geschieht die Invalidierung oft aus Versehen, sogar von Menschen, die eigentlich versuchen zu helfen. Wenn wir invalidiert werden, fühlen wir uns vielleicht sogar schlecht, ohne zu wissen, warum - hat die andere Person nicht nur versucht, das Richtige zu tun?

Stellen Sie sich eine Gruppe von Freunden vor, die bemerken, dass sich einer von ihnen in letzter Zeit seltsam verhält,

Einladungen ablehnt und allgemein etwas „daneben“ ist. Es ist Burrito-Mittwoch und normalerweise treffen sich alle zum Essen und Plaudern, aber der eine Freund, nennen wir ihn James, lässt sich nicht mitziehen und sagt, dass er keine Lust dazu hat. Die Gruppe beschließt, sich an diesem Mittwoch bei James zu Hause zu treffen, um ihn aufzuheitern. Dort kommen sie nicht umhin, ihn zu fragen, was mit ihm los ist.

James erklärt, dass es ihm nicht so gut geht und er keine Lust auf Gesellschaft hat. Er ist verärgert über seine kürzliche Trennung und fühlt sich im Moment generell wie ein Versager. Seine Freunde, die James großartig finden, springen ihm sofort bei und ermutigen ihn.

„Sag das nicht über dich! Ohne sie bist du besser dran!“
„Ein Versager? Komm schon, Mann, es sieht dir gar nicht ähnlich, so etwas zu sagen.“
„Kopf hoch!“

Sie loben und ermutigen ihn, obwohl James sich immer unbehaglicher fühlt. Sie beschließen, mit ihm in eine Bar zu gehen, um etwas zu trinken, um ihn auf andere Gedanken zu bringen. Die Ratschläge kommen wie aus der Pistole geschossen. „Du musst ins Fitnessstudio gehen, dann geht es dir gleich besser." „Du musst wieder auf die Dating-Szene zugehen." „Du brauchst mehr Vitamin D, glaub mir."

Es ist offensichtlich, dass sich James am Ende des Abends genauso schlecht fühlt wie vorher, wenn nicht noch schlechter. Obwohl er von fürsorglichen, besorgten Freunden umgeben war, war ihm nur schmerzlich bewusst, dass er nicht wirklich fühlen durfte, was er fühlte, bzw. es ausdrücken. Zusätzlich zu seiner Enttäuschung über die Trennung hat er nun einen weiteren Grund, sich schlecht zu fühlen: Seine Reaktion auf die Trennung ist eine Überreaktion, unakzeptabel, unpassend. Warum sonst sollten seine Freunde alles in ihrer Macht stehende tun, um ihn und sich selbst davon abzulenken?

Andererseits hätte sich James vielleicht besser gefühlt, wenn er den Mut gehabt hätte, seinen Freunden gegenüber Grenzen zu setzen und ihnen klar mitzuteilen, dass er sich so fühlte, wie er sich fühlte, und dass er in diesem Moment nicht mit ihnen ausgehen wollte. Wenn er in der Lage gewesen wäre, seine eigenen negativen Gefühle klarer zu akzeptieren, hätte er sie seinen Freunden gegenüber vielleicht entschiedener zum Ausdruck bringen können.

In diesem Kapitel werden wir die Invalidierung von beiden Seiten der Medaille betrachten, d.h. wir werden herausfinden, wie wir uns vor der Invalidierung anderer schützen können und wie wir die eigene Invalidierung überwinden können. Damit verbunden ist die Idee der Selbstvalidierung oder wie wir vermeiden können, unsere eigenen Erfahrungen unbewusst zu invalidieren.

Was ist Invalidität?

Wenn wir unsere ursprüngliche Definition umdrehen, bedeutet Invalidierung, dass wir die Gedanken, Gefühle, Erfahrungen oder sogar das gesamte Selbst eines anderen Menschen als ungültig ansehen. Da wir wissen, wie sehr jeder Mensch das Gefühl braucht, wahrgenommen, akzeptiert und anerkannt zu werden, so wie er ist, kann die Invalidierung tiefgreifende Auswirkungen haben. Jemanden für ungültig zu erklären, gibt ihm das Gefühl, dass die Erfahrung, die er macht, die Art und Weise, wie er sich fühlt, seine Perspektive, seine Überzeugungen, seine Vorlieben, seine Grenzen und seine Interpretationen irgendwie *nicht stimmen*. Durch die Invalidierung haben wir irgendwie das Gefühl, dass wir unvernünftig, unsinnig, unerwünscht, nicht richtig oder einfach nicht wichtig sind.

Jeder kann von Invalidierung berührt werden, aber Kinder, die noch lernen, wer sie sind und wie die Welt funktioniert, können am stärksten davon betroffen sein. Wenn wir oft und früh im Leben invalidiert werden, können wir Schwierigkeiten haben zu wissen, wer wir wirklich sind, wir können uns nicht ausdrücken oder verstehen und erleben tiefe Gefühle der Scham oder des Selbstzweifels. Wenn andere Menschen uns reflektieren und akzeptieren, fühlen wir uns gefestigt; wenn wir jedoch invalidiert werden, kann unsere gesamte Existenz und unser Selbstwertgefühl untergraben werden. In der Tat kann die Invalidierung in der Kindheit die Ursache für viele psychische Erkrankungen und Störungen sein.

Das mag dramatisch klingen, aber die ständige Invalidierung kann schließlich zu dem tiefen Gefühl führen, dass man keine Existenzberechtigung hat oder dass die eigene Existenz irgendwie fatal fehlerhaft und unbedeutend ist. In manchen Fällen kann dies auch bewusst als eine Form des Missbrauchs eingesetzt werden. Validierung ist wie ein Fundament unserer Identität, unseres Wohlbefindens und unserer Fähigkeit, sinnvolle Verbindungen einzugehen und mit anderen zu kommunizieren. Wenn dieses Fundament gestört ist, kann das Auswirkungen auf all diese Bereiche haben.

Wir alle wissen, wie es sich anfühlt, invalidiert zu werden, aber es kann schwierig sein, genau zu erkennen, wann dies geschieht. Wenn wir daran gewöhnt sind, denken wir vielleicht sogar, dass es normal ist. Invalidierung kann dramatisch oder subtil sein, kurzzeitig oder andauernd, bewusst oder unbewusst und kann sich auf verbale und nonverbale Weise äußern.

Erkennen von Invalidierung

Die Invalidierung erfolgt möglicherweise nicht bewusst. Viele Menschen invalidieren andere, weil sie dazu erzogen wurden, dies als normal zu akzeptieren, oder weil sie selbst chronisch invalidiert wurden. Es kann sein, dass sie sich mit ihren Gefühlen unwohl fühlen oder dass sie helfen wollen, aber nicht wissen, wie. Andererseits invalidieren manche Menschen bewusst die Erfahrungen einer Person, die sie kontrollieren wollen, wie beim Gaslighting, bei dem der anderen Person allmählich beigebracht wird, ihren eigenen korrekten Wahrnehmungen nicht zu trauen, d.h. sie wird für verrückt erklärt.

Alle Formen der Invalidierung haben einen gemeinsamen Kern - sie sagen der anderen Person: „Deine Erfahrung ist nicht gültig“.

Aber es gibt verschiedene Formen. Zum Beispiel:

Verharmlosung - „Wie kannst du dich aufregen, wenn andere Leute viel schlimmere Probleme haben?" „Ach, werd erwachsen, so schlimm ist es nun auch wieder nicht." „Es tut mir leid, dass du so denkst." (Vor allem, wenn das eine Entschuldigung ersetzt!)

Ablehnung - „Das ist der falsche Ansatz." „Lass dich nicht auf dieses Niveau herab." „Nur egoistische Menschen bemitleiden sich so."

Entlassung - „Ach, du kommst schon drüber weg." „Es ist nichts." „Ah ja, du hast eine kleine Midlife-Crisis, was? Willkommen im Club." Oder einfach abgelenkt zu sein, wenn jemand spricht, und dann das Gesagte mit einem Achselzucken abtun.

Verleugnung - „Ich will nichts mehr davon hören." „Komm zu mir, wenn du bereit bist, vernünftig zu sein." „Das ist nie passiert/du hast das nie gesagt." Oder einfach so tun, als hätte man nie gehört, was gesagt wurde.

Kontrollieren und Beurteilen - „Du bist so übertrieben, du solltest dich beruhigen." „Du bist schon wieder dramatisch." „Das ergibt keinen Sinn." Oder die Schweigebehandlung anwenden.

Vorwürfe - „Warum musst du immer an allem etwas auszusetzen haben?" „Du hast wieder alle verärgert, weil du das gesagt hast." „Ich kann es ihnen nicht verübeln, dass sie gemein zu dir sind, du provozierst die Leute dazu. "

Obwohl wir einige verschiedene Möglichkeiten aufgezeigt haben, wie man jemanden invalidieren kann, können und werden die oben genannten Kategorien ineinander übergehen, und es gibt keinen Grund, warum jemand nicht jede einzelne von ihnen zur Invalidierung nutzen kann. Nichtsdestotrotz ist es offensichtlich, dass jede dieser Formen der Invalidierung schreckliche Auswirkungen haben kann: Die Menschen, die davon betroffen sind, können sich entfremdet, wertlos und verwirrt fühlen.

Es gibt auch nonverbale Wege der Invalidierung. Wenn Sie mit den Augen rollen, sich ständig von etwas anderem ablenken lassen, an Ihren Nägeln zupfen, als ob Sie sich langweilen, oder eine beliebige andere abwertende Mimik zeigen, müssen Sie kein Wort sagen, um eine Botschaft zu vermitteln.

Invalidierung kann zu Konflikten in Beziehungen führen und Vertrauen, Intimität und Kommunikation untergraben. Wenn man in einem Haushalt aufwächst, in dem die eigenen Gefühle nie gesehen, anerkannt oder akzeptiert werden, dann wird es sehr schwer sein, als Erwachsener zu wissen, was man fühlt, sich auszudrücken, verletzlich zu sein oder die Gefühle anderer anzuerkennen. Mit anderen Worten: *Menschen, die sich entwertet fühlen, entwerten sich selbst und andere oft weiter.*

Wenn Sie einige der oben genannten Punkte bei sich selbst wiedererkennen, dann kann man Ihnen gratulieren! Es kann schwer sein, sich einzugestehen, dass man nicht immer sein Bestes tut, um andere zu bestätigen und zu unterstützen. Manchmal kann unsere Kultur oder unser Arbeitsplatz invalidierendes Verhalten fördern. Zum Beispiel wird Eltern gesagt, dass sie die Gefühle ihrer Kinder herunterspielen sollen, um ihnen zu helfen, stärker zu werden oder ihnen eine Lektion zu erteilen, oder es kann sein, dass Arbeitsplätze ehrliche Äußerungen subtil bestrafen und emotionale Stumpfheit belohnen.

Ein guter Kommunikator sein: Wie man vermeidet, andere zu invalidieren

Die Vermeidung der Invalidierung anderer ist in vielerlei Hinsicht einer der ersten notwendigen Schritte, um gut darin zu werden, sie zu validieren. Die im vorigen Kapitel beschriebenen Validierungsschritte vermitteln dem Gesprächspartner zweifellos eine freundliche, aufmerksame Akzeptanz, aber Sie können sich vorstellen, dass das alles den Bach runtergeht, wenn Sie den ganzen Prozess mit einem

Kommentar wie „OK, toll, ich bin froh, dass du jetzt mit deinem kleinen Zusammenbruch fertig bist!“ beenden.

Ein guter Kommunikator zu sein, bedeutet, dass wir auf der Hut sein müssen, dass wir andere nicht unbewusst entwerten. Leider ist Validierung keine Fähigkeit, die man den Menschen direkt beibringt, und wir haben vielleicht viele schlechte Kommunikationsgewohnheiten und Annahmen entwickelt, die tatsächlich ziemlich viel Schaden anrichten, wenn wir mit jemandem zu tun haben, der sich verletzlich oder verzweifelt fühlt.

Eine frischgebackene Mutter könnte zum Beispiel in den Wochen nach der Geburt ihre extreme Verzweiflung zum Ausdruck bringen und einer Freundin anvertrauen, dass sie sehr dunkle Gedanken hat. Die Freundin, die versucht, sie zu beruhigen, spielt die Situation herunter, invalidiert sie aber letztendlich, wenn sie etwas sagt wie: „Das ist nur der Babyblues, keine Sorge, das geht vorbei, versprochen.“ Die frischgebackene Mutter fühlt sich dann genauso schlecht wie vorher, aber zusätzlich noch dumm oder beschämt, weil sie es überhaupt angesprochen hat.

Oder denken Sie an eine Ärztin, die versucht, ihren nervösen Patienten zu beruhigen, indem sie sagt: „Machen Sie sich keine Sorgen, ich habe das alles schon gesehen, glauben Sie mir ... und es kann viel schlimmer sein als das, was Sie hier haben." Anstatt den Patienten zu beruhigen, gibt ihm diese Bemerkung das Gefühl, dass sein Problem, so beunruhigend es für ihn auch ist, nicht so wichtig ist wie das anderer Menschen.

In ähnlicher Weise können wir enormen Schaden anrichten, wenn wir *positive* Emotionen abwerten. Nehmen wir an, jemand lacht über die kindliche Begeisterung seines Freundes beim Besuch eines Vergnügungsparks. Er macht sich über seine überschäumende Freude lustig, ohne sich darüber im Klaren zu sein, dass sein Freund diese Erfahrung in seiner Kindheit nie gemacht hat. So gibt er ihm durch die Aufforderung, sich zu beruhigen, das Gefühl, sich für etwas zu schämen, das ein positiver Moment hätte sein können.

In keinem dieser Beispiele sind die Personen notwendigerweise schlechte Kommunikatoren, und sie haben sicherlich keine schlechten Absichten. Dennoch bedeutet die Beherrschung der Validierung, dass wir mehr darauf achten müssen, wie wir andere möglicherweise invalidieren. Wir haben alle Validierungsmethoden erforscht, die man aktiv ausprobieren kann, aber jetzt wollen wir uns im Detail ansehen, was man *nicht* tun sollte.

Herausforderung 1: Untergrabung der Sprache

Es kommt nicht darauf an, was Sie sagen, sondern wie Sie es sagen! Es wirkt oft abwertend, wenn man davon ausgeht, dass nur der tatsächliche verbale Inhalt Ihrer Kommunikation zählt. Aber die Art und Weise, wie Sie sprechen, und die nonverbale Botschaft, die Sie aussenden, sind genauso wichtig (wenn nicht sogar noch wichtiger). Denken Sie daran, wie sehr der Tonfall die Aussage „Warum hast du das getan?“ verändern kann. Körperhaltung, Gesichtsausdruck, Tonfall und Gestik können diese Aussage von einer sanften, neugierigen Frage zu einer ausgewachsenen Anschuldigung werden lassen.

Es liegt auf der Hand, dass wir, wenn wir vermeiden wollen, andere zu invalidieren, keine offen feindselige Sprache, keine Beschimpfungen oder negativen Worte verwenden sollten, die anderen ein schlechtes Gefühl geben. Aber wir können auch auf subtile Weise Invalidierung vermitteln, zum Beispiel durch den wahllosen Gebrauch des Wortes „aber“. Dieses winzige Wort hat die Eigenschaft, jeden positiven Ausdruck, der ihm vorausgeht, zunichte zu machen und das Negative, das ihm folgt, zu zementieren. Wenn Sie sagen: „Das klingt großartig, aber ich wundere mich über Seite zwei“, hört Ihr Gegenüber vielleicht nur „Ich bin unglücklich über Seite zwei“.

Ein guter Trick ist, jedes „aber“ durch „und“ zu ersetzen oder es einfach ganz wegzulassen. „Das war toll! Und ich hatte auch noch ein paar Fragen zu Seite zwei.“ Klingt besser, oder? „Aber“ ist ein Wort des Widerspruchs. Denken Sie an jede Entschuldigung, die lautet: „Es tut mir leid, aber...“. Sie fühlt sich nie wirklich wie eine Entschuldigung an!

Um eine stärkere Validierung zu erreichen, ist es auch eine gute Idee, eine konfrontative Sprache zu vermeiden, wie z.B. die Person mit „Du“-Aussagen anzusprechen. Diese können provokativ und sogar aggressiv wirken. Versuchen Sie zu vermeiden, Menschen zu sagen, was sie denken oder fühlen, z.B. „Du bist jetzt einfach nur müde“ (auch wenn Sie glauben, dass das stimmt!). Vermeiden Sie Wörter wie *„sollen“*, *„müssen“*, *„nicht dürfen“* und so weiter. Es geht nicht darum, was jemand fühlen oder tun *sollte* - es ist viel nützlicher, darüber zu sprechen, was er *tatsächlich* fühlt oder getan hat. Ebenso können Wörter wie *immer, nie, vollständig* usw. extrem wirken und ein Gespräch abwürgen.

Verwenden Sie „Ich“-Aussagen, um die Verantwortung für Ihre eigene Perspektive zu übernehmen und die der anderen Person zu respektieren. Es besteht ein großer Unterschied zwischen „du verwirrst mich“ und „ich bin verwirrt“. Vermeiden Sie es, jemanden zu diagnostizieren, seine Handlungen zu interpretieren oder ihm seine Erfahrungen zu erklären. Teilen Sie Ihre eigene Sichtweise mit und laden Sie die andere Person ein, ihre Sichtweise mitzuteilen, ohne sie zu beschuldigen, zu beurteilen oder anzunehmen.

Herausforderung 2: Beurteilende Haltungen

Niemand denkt gerne, dass er ein Urteil fällt. Andererseits kommt ein Urteil immer dann zustande, wenn wir etwas betrachten und seinen Wert einschätzen - etwas, das wir im Leben kaum vermeiden können. Wenn sich jemand mit Ihnen unterhält, kann es eine reflexartige Reaktion sein, sich mit eigenen Meinungen und Werturteilen einzumischen. Tatsächlich tun Menschen dies fast standardmäßig, und oft auf subtilere Weise, als ihnen klar ist.

Erstens: Wenn Sie jemanden reden hören, versuchen Sie, sich von dem Gedanken zu lösen, dass es Ihre Aufgabe (oder die von anderen) ist, herauszufinden, wer die Schuld trägt, oder die „richtige" Schlussfolgerung zu ziehen. Zum Beispiel könnte sich jemand bei Ihnen über eine andere Person beschweren, die ihn beleidigt hat. Sie gehen in den Detektivmodus über und versuchen herauszufinden, ob es wirklich eine Beleidigung gab, wie schlimm sie war und wie viel Recht die Person hat, beleidigt zu sein. Wenn wir uns in die Lage eines moralischen Richters versetzen, schalten wir sofort die Möglichkeit des einfühlsamen und aufgeschlossenen Zuhörens aus.

Im Märchen gibt es Bösewichte und Helden, aber im Leben ist das meistens nicht der Fall. Wenn Menschen sich äußern, wollen sie einfach nur gehört werden, und nicht unbedingt, dass man ihnen zustimmt oder ihnen sagt, dass sie im Unrecht sind. Diejenigen, die sich in einer relativen Machtposition befinden, könnten davon ausgehen, dass es ihre Aufgabe ist, die Geschichte, die sie hören, zu gestalten und zu entscheiden, welche Reaktionen und Gefühle gemäß ihrer eigenen Weltanschauung richtig sind. Dies kann für die Person, die sich öffnet und etwas mitteilt, sehr entkräftend sein.

Wir geben auch ein Urteil ab, wenn wir über das richtige *Ausmaß* von Gefühlen oder Handlungen entscheiden. Wenn Sie bewusst oder unbewusst zum Ausdruck bringen, dass die Erfahrung von jemandem zu viel oder zu wenig ist, invalidieren Sie ihn. Wenn Sie z.B. sagen: „Das ist doch nicht so schlimm“ oder „Du musst dir wirklich mehr Sorgen machen“, dann urteilen Sie über das Ausmaß und die Angemessenheit der Gefühle dieser Person. Aber es ist niemals unser Recht, anderen zu sagen, *was* sie fühlen sollen oder *wie viel* sie fühlen sollen!

Herausforderung 3: Ratschläge erteilen oder in den Reparaturmodus wechseln

Wir müssen uns immer wieder vergegenwärtigen, **warum** Menschen sich an uns wenden oder unseren Zuspruch suchen. Es liegt selten daran, dass sie nicht wissen, wie sie das Problem lösen können. Es liegt daran, dass sie gehört und bestätigt werden wollen und Unterstützung für das, was sie durchmachen, erfahren wollen. Mit anderen Worten: Es handelt sich fast nie um ein praktisches Problem, sondern um ein emotionales. Wenn wir praktische Ratschläge geben, lassen wir das emotionale Bedürfnis unbeachtet, was sich extrem entkräftend anfühlen kann.

Der Wunsch, etwas zu reparieren, kommt oft aus einem guten Grund, kann aber dazu führen, dass sich die andere Person unbeachtet fühlt. Versuchen Sie nicht, ihre Gefühle zu ignorieren oder herunterzuspielen, indem Sie vorschnell mit einer Lösung kommen. Die Wahrscheinlichkeit ist groß, dass die Person bereits *weiß*, was zu tun ist und wie es zu tun ist; sie muss nur angehört, beschwichtigt, akzeptiert oder beruhigt werden.

Achten Sie auf subtile Arten des „Reparierens", wie z.B. die Frage: „Hast du schon an XYZ gedacht?" - vor allem, wenn XYZ eine offensichtliche Sache ist, die die Person bereits in Betracht gezogen hätte. Vermeiden Sie es, die Verantwortung zu übernehmen und zu versuchen, die Person aufzumuntern oder alle ihre Probleme zu lösen. Wenn Sie so tun, als sei das Problem unerheblich und leicht zu lösen, dann invalidieren Sie im Grunde die Schwierigkeiten und Kämpfe der Person, als wollten Sie sagen: „Wenn du die Lösung nur so klar sehen könntest wie ich, dann wärst du nicht so aufgebracht! Ta da!"

Ebenso sind Ratschläge keine gute Idee, es sei denn, sie werden ausdrücklich erbeten. Vermeiden Sie Sätze wie „Wenn ich du wäre..." oder „Bei diesem Problem mache ich normalerweise...". Der Ratschlag mag für Sie relevant erscheinen, aber für die andere Person ist er es wahrscheinlich nicht. Denken Sie daran, dass es nicht um Sie geht - überhaupt nicht.

Herausforderung 4: Unaufrichtigkeit

Auch wenn wir selten darüber nachdenken, gibt es kulturell verankerte Methoden, um Menschen in Not zu beruhigen. Wir alle haben ein mentales Modell davon, wie ein guter Freund, eine gütige Mutter oder ein mitfühlender Berater klingt, und vielleicht merken wir nicht einmal, dass wir uns zu klischeehaften Ausdrücken wie „Wie fühlst du dich jetzt?" oder „Pssst, alles wird gut" Hinreißen lassen.

Auch wenn diese stereotypen Reaktionen auf die Emotionen anderer Menschen einen echten Ursprung haben mögen, so ist es doch so, dass sie oft unaufrichtig klingen. Einfach eine automatische Antwort oder eine vermeintlich hilfreiche Binsenweisheit herauszuposaunen, hilft in der Regel nicht wirklich weiter. Denken Sie nur an langweilige Aphorismen wie „Die Zeit heilt alle Wunden“ oder „Du bist stärker, als du denkst!“.

Damit die Validierung funktioniert, muss sie sich echt anfühlen. Die andere Person muss das Gefühl haben, dass sie eine echte Begegnung mit jemandem hat, der sie wirklich versteht und akzeptiert, und zwar auf einer menschlichen Ebene. Wie viele Menschen greifen auf das zurück, was sie für eine freundliche, mitfühlende Stimme halten, was aber für andere unglaublich herablassend und irritierend klingen kann? Ein Neigen des Kopfes, ein Ausdruck der „Besorgnis“ und ein vorgetäuschtes „Ach, wie schlimm für dich!“ wird eher als Beleidigung oder Abfuhr denn als echte Zuwendung empfunden.

„Alles wird gut, ich verspreche es“ oder „Alles wird gut“ sind leere Phrasen, die nicht nur nicht beruhigen, sondern der anderen Person auch zeigen, dass Sie ihr nicht wirklich zuhören und ihr nichts Aufrichtiges zu sagen haben. Woher soll man schließlich wissen, wie sich die Dinge entwickeln werden? Selbst wenn es der Person in Zukunft gut gehen wird, was macht sie mit der Tatsache, dass es ihr *jetzt im Moment* nicht gut geht?“

Überwindung der Invalidität

Wir schließen dieses Kapitel mit einer Überlegung ab, was zu tun ist, wenn Sie sich selbst invalidiert fühlen. Wie Sie vielleicht schon bemerkt haben, gibt es viele Gründe, warum sich Menschen gegenseitig invalidieren, darunter auch einfache Unachtsamkeit. Aber eines sollten Sie nicht vergessen: *Invalidierung hat nichts mit der Person zu tun, die sie erfährt.* Sie sagt nichts über ihren Wert als Mensch aus.

Das Prinzip, das sich durch das gesamte Buch zieht, ist, dass Gefühle, Gedanken und gelebte Erfahrungen *nicht falsch sein können*. Sie sind einfach nur das, was sie sind, und es liegt nicht an anderen Menschen (oder gar an uns), zu entscheiden, dass sie nicht gültig sind. Wenn wir uns invalidiert fühlen, reagieren wir vielleicht wie auf eine Verletzung und wollen uns verteidigen. Wir versuchen vielleicht noch mehr, uns verständlich zu machen, oder suchen zusätzliche Bestätigung.

Bevor Sie jedoch vorschnell reagieren, sollten Sie sich ein paar wichtige Fragen stellen, um festzustellen, ob es sich überhaupt lohnt, mit der Person, die Sie invalidiert hat, ins Gespräch zu kommen. Fragen Sie sich, ob die Person Ihnen nahesteht und ob sie in der Vergangenheit wirklich versucht hat, Sie zu verstehen. Ist es wirklich sinnvoll, Ihre Zeit und Energie darauf zu verwenden, der Person zu sagen, dass sie Sie invalidiert hat? Ist ihre Meinung für Sie überhaupt wichtig? Ist dies der richtige Zeitpunkt, um die Invalidierung zur Sprache zu bringen, oder wäre es besser, wenn Sie es später tun? Wenn Sie nach Abwägung dieser Fragen der Meinung sind, dass es angebracht ist, zu antworten, gehen Sie folgendermaßen vor:

1. Akzeptieren Sie zunächst die Invalidierung nicht. Verarbeiten Sie, wie sie sich anfühlt, aber seien Sie sich bewusst, dass sie weder Sie noch Ihre Erfahrung definiert.

2. Sprechen Sie ruhig und mit „Ich"-Aussagen darüber, wie sich die Invalidierung auf Sie ausgewirkt hat.

3. Je nachdem, was dabei herauskommt, können Sie eine Grenze ziehen oder das Gespräch ganz beenden.

4. Wenn Sie routinemäßig von jemandem invalidiert werden, ist es vielleicht an der Zeit, den Wert dieser Beziehung in Ihrem Leben zu überdenken.

Wichtig ist dabei, dass Sie sich nicht auf eine Debatte darüber einlassen, ob ihre Invalidierung oder Ihr Wunsch nach Bestätigung richtig oder falsch ist. Sie legen lediglich eine Grenze fest, wie Sie behandelt werden wollen. Wie diese Grenze aussehen soll, liegt ganz bei Ihnen und kann je nachdem, wie genau Sie invalidiert wurden, variieren.

Indem wir lernen, andere zu bestätigen, gelangen wir selbst besser in die Lage, unser eigenes Selbstvertrauen und unsere Grenzen zu behaupten. Verwenden Sie Mantras oder Mottos (wie „alle Gefühle sind gültig"), um sich daran zu erinnern, dass Sie ein Recht auf Ihre Empfindungen haben. Sie können nie verlangen, dass man Sie lobt, mag oder Ihnen zustimmt, aber Sie können Respekt erwarten, und Sie haben immer das Recht, Beziehungen zu verlassen, in denen Ihre echte Erfahrung nicht respektiert wird.

Der Weg zur Selbstvalidierung

Es ist viel einfacher, damit umzugehen, dass man invalidiert wird, wenn man ein starkes Selbstvertrauen und Selbstwertgefühl hat. Wenn Sie es sich allerdings zur Gewohnheit gemacht haben, Ihre eigenen Empfindungen zu untergraben, werden Sie sich wahrscheinlich nicht gegen das Gleiche von anderen Menschen wehren können, und Sie begünstigen es vielleicht sogar. Selbstbestätigung ist ein Akt des Mitgefühls für sich selbst. Es bedeutet, sich selbst ständig zu bestätigen: „Ich bin genauso wichtig wie jeder andere, und meine Perspektive ist gültig. Meine Gedanken, Gefühle und Emotionen gehören zu mir und sind nicht falsch. Egal, was andere sagen, ich glaube und respektiere mich selbst." Was für eine kraftvolle Einstellung!

Es gibt verschiedene Möglichkeiten, wie Sie sich selbst bestätigen können. Eine gute Möglichkeit sind Affirmationen, bei denen Sie bestimmte vorformulierte Sätze oder Passagen für sich selbst wiederholen. Sie können im Internet einige gute Affirmationen finden oder selbst eine schreiben. Notieren Sie sich alle negativen Gedanken, die Ihnen in den Sinn kommen, wenn Sie sich invalidiert fühlen, und schreiben Sie dann auf, was Sie sich wünschen, dass jemand anderes zu Ihnen gesagt hätte, um diese Sorgen zu lindern. Zusätzlich zu den Affirmationen können Sie auch ein Tagebuch führen, in dem Sie Dankbarkeit üben und die guten Dinge, die Sie an einem bestimmten Tag getan haben, würdigen.

Dies trägt dazu bei, eine dritte Art der Selbstbestätigung zu fördern, nämlich positive Selbstgespräche zu führen. Wenn Sie diese Gewohnheit kultivieren, brauchen Sie kein Tagebuch dabei zu haben. Sie werden in der Lage sein, sich wieder zu fangen, egal mit welchem Problem Sie konfrontiert sind. Es ist leicht, seine Stärken zu negieren und sich unverhältnismäßig stark auf seine Schwächen zu konzentrieren, aber diese Angewohnheit kann mit Übung und Disziplin überwunden werden.

Sie können auch das Sechs-Schritte-Modell von Linehan für die Validierung bei sich selbst verwenden. Keiner der Schritte erfordert, dass eine andere Person sie ausführt. Sie können auf Ihre eigenen Emotionen achten, mit ihnen argumentieren, Ihre Reaktion in den größeren Rahmen der Ereignisse in Ihrem Leben einordnen, sich selbst versichern, dass andere ähnlich reagieren könnten, und von Fällen erzählen, in denen andere Menschen, die Sie kennen, ähnliche Probleme hatten wie Sie. Das müssen nicht unbedingt Freunde oder Familienangehörige sein, es kann jeder sein.

Wirkliche Reife stellt sich ein, wenn wir in der Lage sind, Meinungsverschiedenheiten und Konflikte zu tolerieren, wenn wir erkennen können, dass andere Menschen unsere Sichtweise nicht teilen, diese Unterschiede aber dennoch wertschätzen und ihre Gültigkeit bejahen können, sowohl für uns selbst als auch für andere.

Mitfühlend und respektvoll zuzuhören bedeutet nicht, dass man automatisch zustimmt. Aber wenn Sie selbstbewusst und sicher in Ihrem eigenen Selbstwertgefühl sind, werden Sie feststellen, dass Sie viel weniger nach Bestätigung suchen und viel eher bereit sind, sie anderen zu geben.

Jeder Mensch hat ein Gefühlsleben und ein inneres Erleben, das ganz ihm gehört und auf das er ein Recht hat. Wenn es um die Gültigkeit der anderen und unsere eigene Gültigkeit geht, können wir nicht anders, als die eigene Gültigkeit anzuerkennen, wenn wir die Gültigkeit des anderen anerkennen. Bei einem Streit zum Beispiel werden zwei Menschen, die sich der Gültigkeit ihrer eigenen Erfahrung sicher sind, viel schneller zu einer Lösung kommen können.

Sie können sich beide sagen: „Ich kann sehen, wie es ist, du zu sein, und ich bin froh, dass du sehen kannst, wie es ist, ich zu sein. Keiner von uns beiden hat Unrecht. Auch wenn wir nicht einer Meinung sind, sind wir immer noch gültige Menschen und unsere Erfahrungen sind immer noch real, wichtig und verdienen Respekt." Können Sie sich vorstellen, wie schwierig es wäre, einen ernsthaften Konflikt zu führen, wenn beide Personen so denken würden?

Fazit

- Invalidierung bedeutet, etwas zu tun oder zu sagen, das einer anderen Person das Gefühl gibt, dass ihre Gedanken, Gefühle oder sogar ihr gesamtes Selbstverständnis falsch und unangemessen sind. Menschen, die in ihrer Kindheit regelmäßig invalidiert wurden, entwickeln im Erwachsenenalter schwere geistige und emotionale Probleme. Sie laufen Gefahr, psychische Störungen zu entwickeln, selbst invalidierende Verhaltensweisen an den Tag zu legen, ein schwaches Selbstwertgefühl zu haben, ständig an sich selbst zu zweifeln und so weiter.

- Menschen, die andere invalidieren, tun dies im Allgemeinen aus zwei Gründen. Die einen haben gute Absichten, wissen aber einfach nicht, dass sie den anderen invalidieren. So passiert es unabsichtlich, dass sie die

Probleme des anderen entweder herunterspielen, beurteilen oder leugnen. Es gibt jedoch auch eine andere Gruppe von Menschen, die andere absichtlich invalidieren, z.B. in Form von Gaslighting. Hier bringen Menschen andere dazu, an ihrer eigenen Wahrnehmung von Dingen zu zweifeln, indem sie sie ständig invalidieren.

- Zu den häufigsten Formen, in denen wir andere invalidieren, gehören eine abwertende Sprache, eine wertende Haltung, der Versuch, die Probleme einer anderen Person zu lösen, wenn diese nur gehört werden möchte usw. Vermeiden Sie Wörter wie „aber“, indem Sie sie durch „und“ ersetzen, und achten Sie auf Ihren Tonfall, wenn Sie sich unterhalten. Urteilen Sie nicht und denken Sie daran, dass Sie nicht um eine Lösung gebeten werden, sondern dass die andere Person einfach nur ihre Gedanken äußern möchte.

- Wenn Sie selbst von jemandem invalidiert werden, ist es wichtig, klare Grenzen zu ziehen, vor allem, wenn die andere Person Ihnen nahe steht. Wenn nicht, können Sie das Gespräch einfach beenden und den Kontakt einstellen. Wenn die Person Ihnen jedoch nahe steht, sollten Sie in aller Ruhe „Ich"-Aussagen machen, um zu vermitteln, wie Sie sich durch die Invalidierung gefühlt haben, und Grenzen setzen, die festlegen, wie Sie in Zukunft behandelt werden möchten.

- Wenn eine andere Person Ihnen nicht die gewünschte Validierung gibt, üben Sie sich in Selbstvalidierung. Verwenden Sie Affirmationen, führen Sie ein Tagebuch, üben Sie positive Selbstgespräche, oder wenden Sie selbst das Sechs-Schritte-Modell von Linehan an. All diese Praktiken helfen Ihnen, sich selbst zu validieren und weniger von anderen abhängig zu sein, um Ihre Gedanken und Gefühle zu bestätigen.

Kapitel 4. Validierung und Konflikte

A: „Ich habe das Gefühl, dass du mich ständig kritisierst..."
B: „Was redest du da? Ich habe dich nie kritisiert!"
A: „Ich weiß, dass du es nicht *willst*, aber so fühlt es sich an."
B: „Nun, was habe ich gesagt? Ich nehme es zurück."
A: „Es geht nicht darum, was du gesagt hast..."
B: „Nun, ich weiß nicht, was du willst - muss ich mich für etwas entschuldigen, das ich nie getan habe?"

In diesem Kapitel wollen wir uns etwas eingehender damit befassen, wie Validierung (und Selbstvalidierung) in der realen Welt aussieht, in der chaotische

Konflikte möglich sind. Obwohl es nicht allzu schwierig ist, jemanden zu verstehen und mit ihm zu sympathisieren, der sich verärgert fühlt, ist es eine ganz andere Geschichte, wenn er sich über *uns* ärgert. Und obwohl wir anerkennen können, dass jemand ein Recht auf seine eigene Sichtweise hat, kann es sehr schwierig sein, zu wissen, was zu tun ist, wenn diese Sichtweise unsere eigene direkt bedroht.

Wir haben bereits erwähnt, dass Validierung nicht gleichbedeutend mit Zustimmung ist. Wenn wir jemanden validieren, sagen wir damit nicht, dass seine Behauptungen oder Einschätzungen *wahr* sind oder dass wir ihn mögen, sondern nur, dass er das Recht hat, das zu fühlen, was er fühlt. Validierung ist ein ausgezeichnetes Mittel, um Menschen in Not zu helfen, um ein besserer Zuhörer oder ein unterstützender Freund zu werden usw. Aber vielleicht zeigt sie ihre besten Seiten in schwierigeren Situationen, z.B. wenn Menschen nicht einer Meinung sind oder wenn es zu offener Aggression oder Feindseligkeit kommt. Validierung ist ein mächtiges Werkzeug, um mit hitzigen

Meinungsverschiedenheiten, Missverständnissen, Argumenten oder Widersprüchen umzugehen - wie im obigen Fall.

Validierung ist keine Vereinbarung

Vielleicht haben Sie beim Lesen der vorangegangenen Kapitel gedacht: „Das hört sich alles toll an, aber was ist, wenn man mit einer Person spricht, die sich eindeutig irrt/jemanden beleidigt/verrückt ist/schlichtweg falsch liegt? So etwas kann man doch sicher nicht bestätigen?“

Wir sollten mit einem grundlegenden Prinzip beginnen: Bei **der Validierung geht es nicht um Ideen, Gedanken oder Gefühle. Es geht um Menschen**. Wenn wir jemanden validieren, erkennen wir sein Recht an, so zu sein, wie er ist, unabhängig von den Details. *Wir wollen eine emotionale und keine informatorische Validierung anbieten.* Theoretisch spielt es also keine Rolle, wie bizarr die Perspektive einer Person ist oder wie falsch sie unserer Meinung nach ist. In der Praxis ist das natürlich eine andere Geschichte...

Nehmen wir an, Ihnen wird eine Geschichte erzählt, in der sich jemand nicht respektiert fühlt, obwohl Sie genau wissen, dass dies nicht der Fall ist. Oder Sie hören von der Wut einer Person, die Ihrer Meinung nach im Unrecht ist, und Sie können nicht anders, als sich auf die Seite der anderen Person zu stellen. Vergleichen Sie die folgenden Reaktionen mit denen einer Person, die sich beleidigt fühlt:

A: „Du hast Recht. Diese andere Person ist definitiv ein Idiot."

B: „Hey, ich glaube wirklich nicht, dass sie dich beleidigen wollten."

C: „Ich kann verstehen, dass du dich gekränkt fühlst, nach dem, was du mir erzählt hast."

Obwohl Antwort A technisch gesehen Zustimmung ist, ist sie nicht besser als Antwort B, da beide nicht so sehr die Emotion als vielmehr den Inhalt bestätigen. Nur C bietet eine Bestätigung für die Erfahrung der Person, unabhängig davon, ob sie mit der Beleidigung Recht oder Unrecht hat. Betrachten wir ein noch schwierigeres Beispiel, mit dem viele

Menschen Probleme haben: Jemandem Bestätigung zu geben, dessen Sichtweise als völlig falsch oder sogar gegensätzlich zu ihrer eigenen angesehen wird.

„Es ist offensichtlich, dass die Welt von einer Rasse böser Reptilianer manipuliert wird, die ihre Gestalt verändern können."

Nicht-validierende Antwort: „Äh... komm schon, du glaubst doch nicht wirklich an diesen Unsinn, oder?"

Bestätigende Antwort: „Wow. Es scheint, als würde dich die ganze Idee erschrecken..."

„Frauen waren in den 50er Jahren so viel glücklicher, weil sie ihren Platz kannten!"

Nicht-validierende Antwort: „[eine Reihe von Schimpfwörtern]"

Bestätigende Antwort: „Hmm. Da du selbst in den 50er Jahren aufgewachsen bist, kann ich verstehen, warum du so denkst."

„Du bist nur ein Therapeut, du tust nur so, als ob du dich kümmerst, weil die Leute dich bezahlen."

Nicht-validierende Antwort: „Du projizierst nur."

Bestätigende Antwort: „Ich kann sehen, dass du gerade wütend auf mich bist. Ich denke auch, dass du weißt, dass es mich wirklich verletzt, wenn du das sagst."

Wie Sie sehen, ist eine Validierung auch dann möglich, wenn wir das Gefühl haben, dass die andere Person geradezu irrational oder beleidigend ist. Im dritten Beispiel gibt der Therapeut offen zu, dass er nicht einverstanden und sogar gekränkt ist, während er gleichzeitig die Gefühle der anderen Person zur Kenntnis nimmt und respektiert. Wir können uns immer bemühen, der anderen Person mitzuteilen, dass sie sich so fühlen darf, wie sie sich fühlt (d.h. sie validieren), während wir gleichzeitig unsere eigenen Grenzen behaupten und wissen, dass *wir* auch fühlen dürfen, wie wir uns fühlen (Selbstvalidierung).

Wir können immer etwas sagen, das anerkennt, dass die betreffende Person aufgrund ihrer Geschichte und ihrer Perspektive so fühlt, wie sie fühlt. Es kann sich manchmal schwieriger anfühlen, denjenigen, mit denen wir nicht übereinstimmen, Akzeptanz und Anerkennung entgegenzubringen, weil wir nicht wollen, dass sie denken, sie hätten Recht, oder wir wollen nicht, dass sie das Gefühl haben, wir seien mitschuldig an ihren Handlungen oder Überzeugungen. Aber wir müssen uns einfach daran erinnern, dass wir nicht mit ihnen übereinstimmen müssen - niemals. Wir können ihnen Verständnis, Respekt und Rücksichtnahme entgegenbringen, ohne jemals unsere oder ihre Meinung zu ändern.

Wenn Ihnen das gelingt, brauchen Sie sich nicht zu wundern, wenn Ihnen die seltsamen Meinungen anderer nach einer Weile nicht mehr so seltsam vorkommen und dass sie, nachdem sie sich von Ihnen gehört und respektiert fühlen, viel eher bereit sind, sich Ihre Sicht der Dinge anzuhören. Argumente und Missverständnisse lösen sich oft auf, wenn die Menschen ihre Vorurteile wirklich beiseitelassen können (ja, auch Sie) und versuchen, wirklich zu hören, was die andere Person sagt.

Sehen Sie über die reinen Informationen hinaus, die sie mitteilt, und erkennen Sie den emotionalen Inhalt. Wie können Sie ihre Erfahrung respektieren und Mitgefühl zeigen, indem Sie sich in ihre Lage versetzen? Wenn wir ehrlich sind und unter die Oberfläche schauen, können wir erkennen, dass Menschen emotionale Wesen sind. Wenn wir die aufrichtige emotionale Realität des anderen anerkennen und bestätigen, kann dies dazu führen, dass Meinungsverschiedenheiten „da draußen" in der Welt geschmolzen werden. Es kann sehr befreiend sein zu erkennen, dass man dies einer anderen Person immer anbieten kann, unabhängig davon, ob man sich mit ihr identifizieren kann oder nicht.

Bedeutet die Praxis der Validierung, dass man niemals offensichtliche Fehlinformationen korrigieren oder

Denkweisen oder Einstellungen anprangern kann, die anderen wirklich schaden können? Nein, natürlich nicht. Aber all dies kann *zusätzlich* zu einer emotionalen Bestätigung erfolgen. Zum Beispiel: „Ich kann sehen, dass du wirklich verärgert bist über die Vorstellung, dass alle über dich lachen. Ich kann mir vorstellen, wie ängstlich du dich deshalb fühlst, weil die Leute schon früher unfreundlich zu dir waren. Ich frage mich auch, ob du weißt, dass sie in Wahrheit nicht über dich gelacht haben.

Kehren wir zu dem Gespräch zurück, mit dem wir begonnen haben:

A: „Ich habe das Gefühl, dass du mich ständig kritisierst..."
B: „Wirklich? Oh nein. Es war nicht meine Absicht, dich zu kritisieren."
A: „Ich weiß, dass du es nicht *willst,* aber so fühlt es sich an."
B: „Oh, wow. Ich kann sehen, dass dich das wirklich verärgert hat. Es tut mir leid, dass du dich kritisiert fühlst." **(Hinweis: Die Validierung erfolgt, ohne dass Sie**

unbedingt mit A übereinstimmen müssen.)

A: „Oh, danke, um ehrlich zu sein, es liegt nicht wirklich an dir, ich kann manchmal übermäßig sensibel sein..."

Validierung inmitten von Meinungsverschiedenheiten

Wenn wir uns routinemäßig in der Validierung üben, passiert etwas Seltsames: Wir beginnen zu erkennen, dass Meinungsverschiedenheiten eigentlich kein so großes Problem sind. Es ist möglich, mit jemandem nicht übereinzustimmen, ohne dass das unangenehm ist, und man kann andere und sich selbst immer noch aktiv validieren, selbst wenn man deren Standpunkte aktiv in Frage stellt. In der Theorie hört sich das alles schön an, aber wie setzen wir das im wirklichen Leben um?

In einer Welt, die auf Spaltung und Feindseligkeit aufgebaut zu sein scheint, kann es schwierig sein, die Validierung zu nutzen. Es scheint, dass man heute keinen Schritt in irgendeine Richtung machen kann, ohne auf Meinungsverschiedenheiten zu stoßen, die zu Feindseligkeit und bösartigen Konflikten führen. Aber wer auch immer wir sind, wir können immer mit gutem Beispiel vorangehen und Höflichkeit praktizieren.

Drei Regeln für respektvolle, taktvolle Meinungsverschiedenheiten

- Versuchen Sie zunächst, den **Standpunkt der anderen Person zu verstehen, bevor Sie versuchen, sie dazu zu bringen, den Ihren zu verstehen**. Beginnen Sie die Interaktion mit einem offenen Geist und lassen Sie Erwartungen, Voreingenommenheit und Vorurteile aktiv beiseite. Bevor Sie in die Defensive gehen und sich abkapseln, hören Sie wirklich zu, was die andere Person sagt, ganz ohne zu urteilen.
- **Konzentrieren Sie sich auf Menschen, nicht auf Ideen.** Menschen sind nicht ihre Ansichten. Wenn Sie anderer Meinung sind,

dann sind Sie mit einer Idee oder einem Konzept nicht einverstanden, und nicht mit der Person, die diese Idee vertritt. Überzeugungen können sich ändern, aber Menschen sind es immer wert, dass man sie respektiert und versteht. Anders ausgedrückt: Beziehungen sind fast immer wichtiger als das Gewinnen von Argumentationen. Es ist durchaus möglich, eine Person zu schätzen, obwohl man mit ihrer Meinung nicht einverstanden ist.

- **Suchen Sie nach Gemeinsamkeiten**. Menschen haben immer mehr gemeinsam, als sie zunächst denken. Selbst wenn Sie sich unterscheiden, sind Sie nicht beide Menschen und teilen Sie nicht die grundlegenden Erfahrungen des Lebens? Anstatt andere als Feinde zu betrachten, sollten Sie bewusst Wege finden, sich mit ihnen in Freundschaft und Verständnis zu verbinden. Sie könnten sich sogar über die Tatsache anfreunden, dass

Sie beide eine frustrierende Meinungsverschiedenheit teilen!

Wenn Menschen andere in erster Linie nach dem Inhalt ihrer Gedanken und Meinungen betrachten, können sie sie als *Menschen* aus den Augen verlieren, die eine innere Welt und eine emotionale Realität haben, die genauso real und gültig ist wie ihre eigene. Anstatt Menschen als Menschen zu sehen, sehen wir sie als Angehörige verschiedener Rassen oder Ethnien, Nationalitäten, politischer Parteien, Demografien, Generationen oder religiöser Gruppen. Und wenn wir sie auf diese Weise sehen, können wir nicht anders, als uns selbst auf die gleiche Weise zu begreifen, nämlich im Gegensatz zu ihnen. Wir fangen an, die Dinge im Sinne von „wir gegen sie" zu sehen und vergessen dabei völlig, dass die Menschen ihre Weltanschauungen und Perspektiven auf genau dieselbe Weise entwickelt haben wie wir.

Viele Menschen halten sich gerne für mitfühlende, einfühlsame Seelen, die wahnsinnig aufgeschlossen sind ... aber der Haken ist natürlich, dass sie sich nur anderen gegenüber so verhalten, die bereits ihrer Meinung sind! Nach dem Ausbruch von Covid-19 und den sich verschärfenden Spaltungen auf der ganzen Welt ist es leichter denn je, davon auszugehen, dass diejenigen, die anderer Meinung sind als wir, nicht nur im Unrecht, sondern auch völlig verachtenswert sind und mehr oder weniger den Tod verdienen.

Einzelpersonen könnten feststellen, dass globale politische Spannungen und Kontroversen in ihre persönlichen Beziehungen einfließen. Ein Paar könnte einen sehr ernsten Streit über die #MeToo-Bewegung haben, oder eine Familie könnte das Gefühl haben, dass sie nicht am selben Tisch zu Abend essen kann, weil es zu einem Streit über Politik kommen könnte. Freunde könnten ihre Freundschaft beenden, weil sie sich über den Klimawandel oder ein anderes brisantes Thema, das die Gemüter erhitzt, nicht einig sind. Hat echte Validierung einen Platz in einer Welt, die so voller Streit und Zwietracht ist?

Erinnern wir uns daran, dass der Sinn der Validierung darin besteht, der Person, der wir zuhören, das Gefühl zu geben, dass sie wahrgenommen, gehört, anerkannt und akzeptiert wird. Und das ist etwas, das auch wir brauchen und wonach wir uns sehnen! Auch wenn unsere erste Reaktion auf Ideen, die uns nicht gefallen, darin besteht, uns zu wehren, aggressiv zu werden oder sie zu ignorieren, haben wir immer die Möglichkeit, die emotionale Realität eines anderen (und unsere eigene) zu bestätigen.

Ändern des Ziels der Interaktion

Streit und Feindseligkeit können entstehen, wenn wir bewusst oder unbewusst die folgenden Ziele im Gespräch verfolgen:

- Recht haben
- Andere davon zu überzeugen, so zu denken wie wir
- Sich überlegen fühlen
- Die „Wahrheit“ herausfinden
- Menschen zu bestrafen, die falsch liegen oder dumm sind
- Verteidigung gegen jeden, der unsere Überzeugungen nicht teilt

- Etwas beweisen wollen

Wir können jedoch die Art und Weise, wie wir auf andere zugehen, völlig verändern, wenn wir unseren Ansatz ändern und nur ein einziges Ziel verfolgen:

- Wahrzunehmen und wahrgenommen zu werden, zu verstehen und verstanden zu werden

Bei der ersten Gruppe von Zielen geht es um den Inhalt, während das zweite Ziel einfach darin besteht, auf der Ebene der individuellen Validierung und des Respekts zu arbeiten. Wenn wir andere validieren, umgehen wir Theorien, Ideen und Argumente und kommen zum Kern: Wir verbinden uns mit ihnen als Menschen und vermitteln, dass ihre innere Realität akzeptabel, wichtig und anerkannt ist.

Wenn Menschen über die großen, beängstigenden Themen (Religion, Sex, Politik usw.) streiten, verstricken sie sich oft in Feindseligkeit, weil sie sich nicht anerkannt oder verstanden fühlen. Sie reagieren defensiv und verhalten sich auf eine Weise, die dazu führt, dass sie den Standpunkt des anderen weder sehen noch verstehen können. Nicht anerkannt oder gewürdigt zu werden, kann sich wie eine Bedrohung anfühlen - eine Bedrohung, auf die wir reagieren, indem wir andere auf dieselbe Weise bedrohen. Es ist ein Teufelskreis.

Fragen Sie sich selbst:

Können Sie erkennen, wie die andere Person zu ihrem Standpunkt gekommen ist?

Ergibt irgendetwas davon Sinn für Sie?

Können Sie erkennen, wie sich ihre Grundwerte in ihrem Verhalten und ihren Äußerungen widerspiegeln?

Gibt es positive Dinge, auf die Sie sich beide einigen können?

Denken Sie daran, dass es bei der Validierung nicht darum geht, ob wir zustimmen oder nicht, sondern darum, ob wir jemanden, der anders ist als wir, ansehen und sagen können: „Ich erkenne dich an. Ich verstehe dich.“ Wenn Sie daran zweifeln, dass Sie dies für andere tun können, versuchen Sie, sich einen Moment lang vorzustellen, welche Wirkung diese Worte auf Sie haben könnten, wenn Sie sie von jemandem hören, den Sie für Ihren absoluten Feind halten.

Aufrichtig zu sagen: „Ich stimme nicht mit dir überein, aber ich verstehe deinen Hintergrund und kann das respektieren", kann ein wirksames Mittel sein, um Spaltungen zu überwinden und Menschen zu verbinden. Wenn man auf diese Weise vorgeht, ist ein Dialog möglich. Sie können beginnen, Fragen zu stellen, um die andere Seite besser zu verstehen, und versuchen, Ihren eigenen Standpunkt zu erklären. Auch hier geht es nicht darum, zu überreden oder zu belehren, sondern darum, das Verständnis zu fördern.

Meinungsverschiedenheiten sind im Leben unvermeidlich. Aber wir haben immer die Wahl, wie wir auf Unterschiede reagieren. Keine einzelne Perspektive ist „richtig" oder besser als eine andere, und ein aufrichtiges, respektvolles Gespräch kann den Blickwinkel eines jeden nur erweitern, anstatt ihn einzuengen. Bevor wir weitermachen, hier noch einige Fragen, die

Sie sich stellen sollten, wenn Sie im Alltag auf Reibereien stoßen:

- Ist es dieses Problem wirklich wert, darüber zu streiten? Hätte es negative Auswirkungen, es einfach auf sich beruhen zu lassen?
- Was sind Ihre eigenen Werte und Grenzen in dieser Frage? Welche Verantwortung tragen Sie bei der Vermittlung dieser Werte?
- Was sind Ihre persönlichen Schwachpunkte, Vorurteile, Erwartungen und Fehler, wenn es um dieses Thema geht? Was könnten Sie lernen?
- Vermittelt Ihre verbale und nonverbale Kommunikation Akzeptanz?
- Sind Sie respektvoll, und haben Sie versucht, eine gemeinsame Basis zu finden?

Wenn Sie sich aufrichtig um jemanden bemüht haben, mit dem Sie nicht übereinstimmen, heißt das nicht, dass Sie nicht gehen können, wenn sich die Dinge nicht verbessern. Eine Person kann nicht allein ein wertschätzendes, respektvolles Gespräch führen - Sie müssen also vielleicht trotzdem einen Schlussstrich ziehen und sagen: „Wir sind in dieser Sache nicht einer Meinung, das ist in Ordnung, aber ich beende das Gespräch hier." Entschuldigen Sie sich nicht dafür, dass Sie eine andere Meinung vertreten oder eine Grenze ziehen. Sie werden feststellen, dass eine ehrliche Meinungsverschiedenheit manchmal der erste Moment echter Aufrichtigkeit in der gesamten Diskussion ist!

Validierung auch bei Konflikten

Wir schließen unser Kapitel mit dem schwierigsten Teil der Anwendung von Validierung während eines Konflikts ab: den Gelegenheiten, bei denen die andere Person wütend *auf Sie* ist. Hier brauchen Sie eine sorgfältige Strategie. Es kann ziemlich schwierig sein, die negative Wahrnehmung der anderen Person zu bestätigen und sich gleichzeitig zu wünschen, dass sie nicht wahr wäre, selbst (oder gerade?) wenn die Kritik zutreffend ist.

Aber wir können die Sichtweise anderer Menschen *immer* bestätigen und akzeptieren, auch wenn wir uns selbst in dieser Sichtweise wiederfinden, und zwar nicht gerade in einem schmeichelhaften Licht! Es kommt darauf an, die Validierung anderer mit der Selbstvalidierung sorgfältig auszubalancieren, oder ihre Beschwerde gegen Sie mit Mitgefühl und Akzeptanz anzuhören, ohne ein Schwächling zu sein oder Ihr Selbstwertgefühl anzukratzen. Wir können anderen gegenüber Respekt zeigen und gleichzeitig unseren eigenen Standpunkt vertreten. Mehr noch, wir können wirklich etwas daraus lernen und bessere Menschen werden, ohne uns in Schuldzuweisungen und Anschuldigungen zu ergehen.

Es ist wichtig zu verstehen, dass die Bestätigung unter diesen Umständen *Ihnen* tatsächlich *hilft* - *Sie* überwinden Konflikte schneller und haben mehr Chancen, selbst anerkannt und verstanden zu werden. Falls Sie glauben, dass an den Aussagen etwas dran ist, können Sie das, was Ihnen gesagt worden ist, auch nutzen, um ein besserer Mensch zu werden, indem Sie an den kritisierten Bereichen arbeiten. Das ist wirklich eine Win-Win-Situation. Wenn wir die Geschichte der Menschen, ihre Wahrnehmungen, ihre Persönlichkeit usw. berücksichtigen, dann ergibt ihre emotionale Realität **immer einen Sinn**. Und das gilt selbst dann, wenn sie wütend auf Sie sind oder Anschuldigungen erheben, die nicht fair sind.

Denken Sie daran, dass es nicht darum geht, Argumentationen zu gewinnen, den anderen zu besiegen, sich überlegen zu fühlen oder die Tatsachen zu verdrängen. Vielmehr geht es darum, anzuerkennen und anerkannt zu werden. Es stellt sich also die Frage, wie Sie Ihre eigenen Grenzen wahren und Ihren Standpunkt validieren können, während Sie gleichzeitig den Standpunkt des anderen validieren.

Aus diesem Grund kann die Selbstvalidierung auch gleichzeitig die Validierung anderer erleichtern - wir können das Gefühl **teilen**, gehört zu werden, wichtig zu sein oder anerkannt und verstanden zu werden. Wir sind uns bereits einig, wenn wir gemeinsam daran arbeiten, dies für uns beide zu erreichen. Im

Folgenden finden Sie einige Schritte, die sich auf die bereits behandelten Validierungstechniken stützen, sowie einige zusätzliche Strategien.

Schritt 1: Beginnen Sie immer mit dem Zuhören, seien Sie präsent und öffnen Sie Ihren Geist. Erwidern Sie nichts und unterbrechen Sie nicht. Sie werden sicher später die Gelegenheit haben, zu sprechen.

Schritt 2: Geben Sie das Gehörte wieder, indem Sie es paraphrasieren oder Fragen stellen. Sprechen Sie hier über Emotionen und nicht über faktische Daten. Achten Sie auf Ihre Wortwahl, Ihren Tonfall und Ihre Körpersprache. Jedes Anzeichen dafür, dass Sie sich angegriffen fühlen, führt dazu, dass Ihr Gegenüber in die Defensive gerät und der Streit möglicherweise eskaliert. Dies ist besonders wichtig, wenn das Gespräch nicht von Angesicht zu Angesicht geführt wird. Denken Sie daran, dass Sie zuerst versuchen, Ihr Gegenüber zu verstehen, bevor Sie sich selbst verständlich machen. Sie bewerten nicht die Gefühle, die die andere Person äußert, sondern nehmen sie einfach zur Kenntnis.

Schritt 3: Verantwortung übernehmen. Sie können die Anschuldigungen von jemandem entkräften, wenn Sie einfach und neutral akzeptieren, dass er möglicherweise Recht hat. Sie müssen nicht alles akzeptieren, aber seien Sie ehrlich. Argumentieren Sie nicht, verteidigen Sie sich nicht und erfinden Sie auch nichts, was Sie dem anderen vorwerfen könnten. Sie nehmen nur das in Anspruch, was Ihnen rechtmäßig zusteht. Beachten Sie, dass Sie nicht mit dem Inhalt übereinstimmen müssen, sondern mit dem Gefühl, das dahinter steckt. Wenn Ihnen jemand vorwirft, Sie hätten ihn brüskiert, können Sie z.B. zugeben, dass Sie in letzter Zeit etwas abgelenkt waren, ohne zuzugeben, dass Sie absichtlich versucht haben, ihn zu beleidigen.

Schritt 4: Setzen Sie Ihre eigene Sicht der Dinge durch. Dies ist der wichtigste Balanceakt. Machen Sie ruhig und neutral Ihre eigenen Grenzen geltend (falls erforderlich) und versuchen Sie, Ihre Erfahrungen mitzuteilen. Bedenken Sie jedoch, dass dies nur dann anerkannt wird, wenn die andere Person das Gefühl hat, dass Sie ihre Seite bereits validiert haben. Verwenden Sie eine nicht-konfrontative, „ich“-orientierte Sprache und vermeiden Sie Erklärungen, die wie Ausreden oder Argumente klingen. Hier teilen Sie lediglich Ihre eigene emotionale Realität mit, die ebenfalls gültig ist. Möglicherweise müssen Sie die Schritte 1 bis 4 ein paar Mal wiederholen, bevor Sie eine Lösung finden.

Schritt 5: Wenn es sich richtig anfühlt, schließen Sie das Gespräch mit einer weiteren Bestätigung ab. Verwenden Sie die „Wir“-Sprache, um zu betonen, dass es um „uns gegen das Problem“ geht und nicht um „ich gegen dich“. Danken Sie der Person dafür, dass sie Ihnen ihre Bedenken mitgeteilt hat und dass sie Ihnen im Gegenzug zugehört hat. Selbst Konflikte können nützlich sein, wenn sie die Beziehungen zwischen Menschen stärken.

Zugegeben, all dies kann ein wenig zu schön klingen, um wahr zu sein. Argumentationen können auch mal schief gehen, auch wenn Sie Ihr Bestes tun, um ihren Gesprächspartner zu validieren. Und manchmal braucht es mehr als eine Diskussion, um ein Problem zu lösen. Es kann sein, dass Sie feststellen, dass andere Menschen aufgrund ihrer Wut nicht in der Lage sind, Ihnen zuzuhören oder viel Mitgefühl zu zeigen, vor allem wenn sie sich von Ihnen ungerecht behandelt fühlen. Es kann sein, dass sie jeden Versuch, sich zu versöhnen oder zu diskutieren, zurückweisen und Ihnen als Vergeltung nur ein schlechtes Gewissen machen wollen.

Vermeiden Sie in diesem Fall die Versuchung, die Dinge umzudrehen und sich über sie zu ärgern. Nehmen Sie stattdessen schnell und fröhlich Ihre Verantwortung wahr, setzen Sie Ihre Grenzen durch und lassen es hinter sich. Wenn wir gemeinsam Validierung und Selbstvalidierung praktizieren, können wir immer ein Gleichgewicht zwischen Respekt und Mitgefühl für uns selbst und das Gleiche für andere finden.

Fazit

- Es ist eine Sache, jemanden zu validieren, wenn sich seine Beschwerden gegen jemand anderen richten. Eine ganz andere Sache ist es, dies zu tun, wenn Sie selbst die

Quelle seiner Frustrationen sind. Eine weitere Herausforderung ist es, jemanden zu bestätigen, wenn er Ansichten oder Gedanken vertritt, die Sie moralisch verabscheuen. In beiden Fällen ist es jedoch wichtig, dass wir uns auf die Person und nicht auf den Inhalt ihrer Argumente konzentrieren. Denken Sie immer daran, dass Validierung nicht gleichbedeutend ist mit Zustimmung; Sie können validieren, ohne die Ansichten der anderen Person zu akzeptieren.

- Es gibt drei einfache Schritte, die Sie befolgen können, wenn Sie versuchen, jemanden, der unangenehme Äußerungen macht, zu validieren. Erstens: Versuchen Sie, die Gefühle und den Standpunkt der Person zu verstehen, bevor Sie versuchen, Ihren eigenen Standpunkt zu vertreten. Zweitens: Konzentrieren Sie sich auf die Person, auf das, was sie gerade durchmacht und ihren Hintergrund, bevor Sie urteilen. Drittens:

Konzentrieren Sie sich und versuchen Sie, Gemeinsamkeiten zwischen Ihnen beiden zu finden. Selbst wenn es so aussieht, als gäbe es keine, gibt es wahrscheinlich doch welche. Sie müssen nur vermeiden, dass Sie sich von dem Gespräch so sehr ablenken lassen, dass Sie aufhören zu suchen.

- Man hat leicht das Gefühl, etwas Falsches zu tun, wenn man jemanden validiert, der Dinge sagt, die man beunruhigend oder sogar schlimm findet, aber es ist wichtig, sich vor Augen zu halten, dass validieren nicht gleichbedeutend ist mit zustimmen. Es ist wichtig, dass wir anerkennen, dass jeder Mensch eine innere emotionale Realität hat, die auf ihre eigene Weise gültig ist, und dass wir kein Recht haben, ihn dafür zu verurteilen, vor allem, wenn wir uns nicht die Zeit und Mühe genommen haben, sie richtig zu verstehen.

- Jemanden zu validieren, der wütend auf Sie ist, ist eine subtile, aber sehr nützliche Fähigkeit. Das Wichtigste dabei ist, dass Sie sich immer wieder vor Augen führen, dass es nicht darum geht, einen Streit zu gewinnen und Ihre Überlegenheit gegenüber dem anderen zu beweisen. Sie erlauben der Person lediglich, ihre Gefühle auszudrücken und akzeptieren diese, auch wenn Sie nicht mit ihnen übereinstimmen. Hören Sie der Person aufmerksam zu, übernehmen Sie die Verantwortung für Ihre Handlungen, bringen Sie Ihre Sicht der Dinge ruhig und ohne das Gesagte zu entkräften vor, und beenden Sie das Gespräch mit einer weiteren Bestätigung und der Einordnung des Problems als ein „Wir"-Problem und nicht als ein „Ich gegen dich"-Problem.

Kapitel 5. Empathie: Jenseits der Validierung

Wenn Sie am Arbeitsplatz immer wieder mit jemandem aneinandergeraten, können Sie irgendwann einen Punkt erreichen, an dem Sie einander sagen: „Wir sind nicht einer Meinung, aber das ist in Ordnung. Ich verstehe deinen Standpunkt, und bis zu einem gewissen Grad macht er für mich auch Sinn. Ich mag deine Meinung nicht, aber ich verstehe sie.“ Das wäre zufriedenstellend, und Sie würden sich im Büro wahrscheinlich gut genug verstehen, um Ihre Differenzen mit Respekt und Taktgefühl zu überwinden. Niemand würde von Ihnen erwarten, dass Sie ein umfassendes und tiefes Verständnis für die innere Welt Ihres Kollegen haben und ihn auf menschlicher Ebene respektieren - es wäre sogar ein wenig seltsam! Es reicht einfach aus, höflich zu sein.

Sie können sich sicher vorstellen, dass dieses Konzept von „vereinbaren, dass man nicht einverstanden ist“ zum Beispiel in einer Ehe oder in der Beziehung zwischen Eltern und Kind nicht annähernd so gut funktionieren würde. Können Sie sich vorstellen, dass ein Ehemann zu seiner Frau in der Paarberatung sagt: „Hey, was soll's, mach du's“? Wahrscheinlich nicht! Der Grund dafür ist, dass eine Validierung zwar großartig ist, aber nicht unbedingt das Niveau von echter Empathie erreicht. Und echtes Einfühlungsvermögen ist das A und O in engen, persönlichen Beziehungen.

Wir haben gesehen, dass sich Validierung von Empathie unterscheidet. Bei der Validierung erkennen wir an, dass die Erfahrung einer anderen Person von Natur aus gültig ist. Bei der Empathie hingegen *fühlen* wir diese Welt für uns selbst, von innen heraus. Schauen wir uns das einmal genauer an.

Validierung gegenüber Empathie

Was ist Einfühlungsvermögen? Wenn wir uns der emotionalen Realität einer anderen Person bewusst sind und sie nachempfinden können, sind wir einfühlsam. Wir können uns in Validierung und Respekt üben, auch wenn wir die Emotionen der Person vor uns nicht ganz verstehen. Es ist also möglich, die Erfahrung einer anderen Person zu validieren, ohne notwendigerweise Empathie dafür zu haben. Wenn wir jedoch Einfühlungsvermögen haben, ist es viel einfacher, andere Menschen zu validieren, und tatsächlich überschneiden sich die Konzepte.

Validierung bedeutet, die Gültigkeit der inneren Welt einer anderen Person anzuerkennen, während wir mit Empathie *in diese Welt eintreten.*

Mit Empathie verstehen wir Menschen über das Intellektuelle hinaus. Wir sehen sie so, wie sie wirklich sind, und nicht so, wie *wir* sind oder wie wir sie gerne sehen würden. Wir können ihr Leiden sehen und nachfühlen, weil auch wir gelitten haben.

Wir können ihnen zuhören und ihren Standpunkt so verstehen, wie sie selbst ihn sehen. Empathie und Mitgefühl liegen sehr nahe beieinander - denn wenn wir wissen, wie sich jemand fühlt, betrachten wir ihn mit ziemlicher Sicherheit mit Wohlwollen.

Empathie kann verschiedene Formen annehmen und sich entweder auf kognitive Empathie (das Verstehen der Gedanken und der intellektuellen Welt einer anderen Person) oder auf emotionale Empathie (das Verstehen ihrer Gefühle) konzentrieren. Aber Empathie im Allgemeinen wird verwendet, um über jedes Gefühl zu sprechen, das wir haben, wenn wir unsere eigene Perspektive und Prioritäten beiseite lassen und uns in die einer anderen Person hineinversetzen können. Mit Empathie betrachten wir andere und empfinden Mitgefühl für die Tatsache, dass ihre Erfahrungen so ganz anders sind als unsere, und dennoch Liebe und Respekt verdienen.

Mit der Validierung lassen wir die andere Person wissen, dass ihre Welt für uns *Sinn macht,* dass ihre Erfahrungen verständlich und ihre Gefühle berechtigt sind. Empathie erfordert ein tiefes Eintauchen in diese

Gefühle und Erfahrungen, um zu sehen, wie sie aus der Sicht der Person sind.

Es geht hier nicht darum, sich mit all den winzigen Unterschieden und Ähnlichkeiten zwischen diesen offensichtlich verwandten Ideen zu befassen. Das Ziel ist es, zu sehen, dass sie unterschiedlich sind und in verschiedenen Situationen und mit verschiedenen Menschen unterschiedlich wirksam eingesetzt werden können. Zum Beispiel:

„Ich bin wirklich traurig, dass ich meine Fahrprüfung nicht bestanden habe."

„Oh, das tut mir leid, das zu hören. Es ist verständlich, dass du dich darüber aufregst, ich weiß ja, wie hart du dafür gelernt hast!" **(Diese Antwort ist eine Validierung - „dein Gefühl macht Sinn" -, aber sie enthält nicht unbedingt Empathie.)**

„Ich bin wirklich traurig, dass ich meine Fahrprüfung nicht bestanden habe."

„Ich habe meine Prüfung auch nicht bestanden. Ich habe mich aber nicht beklagt, sondern mich einfach für die Wiederholung angemeldet, keine große

Sache.“ **(Diese Antwort zeigt Einfühlungsvermögen, aber wenig Validierung).**

„Ich bin wirklich traurig, dass ich meine Fahrprüfung nicht bestanden habe.“

„Oh, das tut mir leid zu hören. Es ist verständlich, dass du sauer bist, ich weiß, wie hart du dafür gelernt hast! Ich bin auch beim ersten Mal durch die Prüfung gefallen, und es war scheiße, also verstehe ich es.“ **(Diese Antwort zeigt Validierung und Einfühlungsvermögen, weil eine gemeinsame Verbindung hergestellt wird.)**

Wie bereits erwähnt, hängt die beste Antwort stark von der Person ab, mit der Sie sprechen, von Ihrer Beziehung zu ihr, von dem, was sie wirklich von Ihnen braucht, und von dem jeweiligen Thema. Es ist schwer vorstellbar, dass es irgendeine Situation gibt, in der Validierung nicht geschätzt wird; Validierung + Einfühlungsvermögen ist jedoch in der Regel in engeren persönlichen Beziehungen angemessener.

Wie sieht es mit der Empathie an sich aus? Stellen Sie sich vor, Sie teilen jemandem eine niederschmetternde Nachricht mit, und derjenige ist genauso erschüttert wie Sie, da er sich daran erinnert, dass er dasselbe erlebt hat. Sie könnten die Empathie der anderen Person spüren (sie weiß, wie Sie sich fühlen), ohne sich wirklich validiert zu fühlen (d.h., dass die Reaktion verständlich und gültig ist).

Entwicklung von Empathie

Die meisten von uns wollen einfühlsame Menschen sein, aber gute Absichten reichen nicht immer aus. Glücklicherweise ist es immer möglich, Empathie in sich selbst zu kultivieren, und Übung macht definitiv den Meister. Es gibt viele Ressourcen und Modelle, aber im Grunde ist Empathie in der Praxis ziemlich einfach. Um Empathie zu entwickeln, müssen wir offen und akzeptierend genug sein, um uns in die Welt eines anderen hineinzuversetzen, und wir müssen in der Lage sein, ihm unsere Akzeptanz dieser Welt zu vermitteln.

Anhand dieser Definition können wir uns auf drei wesentliche Aspekte konzentrieren, um sicherzustellen, dass wir unser Bestes tun, um uns einzufühlen:

1. Wir müssen aufgeschlossen, empfänglich und akzeptierend sein
2. So können wir in die Welt einer anderen Person eintreten
3. Wir teilen der Person dieses Verständnis und diese Akzeptanz mit.

Empathie ist nur dann vollständig, wenn sie alle drei Elemente enthält. Es lohnt sich also, jeden Ton zu treffen, wenn Sie ein Gespräch mit jemandem führen und über eine Validierung hinausgehen wollen. Schauen wir uns das genauer an.

Element 1: Aufgeschlossenheit

Vielleicht wäre es besser, „Offenherzigkeit“ zu sagen.

Wie wir bereits im sechsstufigen Validierungsprozess gesehen haben, beginnt alles mit aufgeschlossenem, respektvollem Zuhören. Wir können uns nur dann in andere einfühlen, wenn wir uns die Zeit nehmen, unser eigenes Ego für einen Moment beiseite zu lassen und dem anderen ungeteilte Aufmerksamkeit zu schenken. Diese Offenheit ist eine besondere Haltung, die sich dadurch auszeichnet, dass wir ganz präsent und bereit sind, etwas Neues zu lernen.

In gewisser Weise ist es eine liebevolle Neugier auf andere Menschen in der Welt - der Wunsch, mehr über Menschen zu erfahren und zu wissen, wie sie ticken. Der beste Weg, dies zu tun, ist, sich selbst für einen Moment zu vergessen. Verlassen Sie Ihre eigene Welt und lassen Sie Ihre Annahmen und Vorurteile beiseite. Betrachten Sie andere Menschen wie faszinierende Bücher, die darauf warten, gelesen zu werden, oder wie neue Planeten, die darauf warten, erforscht zu werden. Lassen Sie die Vorstellung fallen, dass Menschen als Freund oder Feind charakterisiert oder danach beurteilt werden sollten, je nachdem, wie sehr sie mit Ihnen übereinstimmen. Betrachten Sie die Menschen stattdessen ganz nach deren Bedingungen. Ein anderer Mensch ist ein ganz neues Universum - sehen Sie sich selbst als Abenteurer, der diese neuen Gefilde mit Respekt und Ehrfurcht erkundet.

In der Praxis sieht das so aus, dass Sie gelegentlich aus Ihrer Komfortzone heraustreten: Lassen Sie sich auf Menschen, Ideen und Medien ein, die Sie normalerweise nicht kennen würden, nur um zu sehen, was passiert. Dies wird Ihnen helfen, Ihre Vorurteile aufzudecken und zu bearbeiten, die wir alle in irgendeiner Form haben. Da unsere sozialen Kreise so homogen geworden sind, sind wir oft verschlossen oder wissen nicht, wie andere Menschen die Welt um uns herum sehen und wie ihre Perspektive im Gegensatz zu unseren eigenen Ansichten steht. Führen Sie ein Gespräch, bei dem Sie einfach nur die Klappe halten und zuhören, so dass die andere Person ganz im Mittelpunkt Ihrer Aufmerksamkeit steht. Reisen Sie, wenn Sie können, oder gehen Sie einfach an einen anderen Ort als den, an dem Sie sich normalerweise aufhalten. Schalten Sie alle Ihre Sinne ein und öffnen Sie sich wirklich für Erfahrungen, die für Sie neu sind.

Aber wir öffnen uns nicht nur für positive Gefühle: Können Sie sich vorstellen, wie es sein muss, Schwierigkeiten mit etwas zu haben, das Sie derzeit als einfach oder selbstverständlich erleben? Verzichten Sie eine Zeit lang auf einen Luxus. Demut ist ein guter Freund der Empathie. Wenn Sie das nächste Mal enttäuscht, wütend, verwirrt oder traurig sind, bleiben Sie einen Moment bei diesem Gefühl und versuchen Sie sich vorzustellen, wie es anderen ergangen ist. Probieren Sie alle Perspektiven aus, auch die, in denen Sie sich hilflos und verletzlich fühlen. Was für eine wunderbare Ressource, auf die Sie zurückgreifen können, wenn Sie das nächste Mal jemandem begegnen, der sich so fühlt!

Es mag schön sein, Empathie als etwas Angeborenes zu betrachten, als eine Art Persönlichkeitsmerkmal, aber in Wirklichkeit ist sie ein Muskel, den wir trainieren können, und eine Fähigkeit, die wir entwickeln können, wenn wir es wirklich wollen. Allein schon das Wissen darum macht uns empfänglicher und aufgeschlossener. Sie können sich ernsthaft fragen, in welcher Hinsicht Sie jetzt einfühlsamer sein könnten. Was hindert Sie wirklich daran, sich ganz auf die Welt eines anderen Menschen einzulassen?

Sie können sich schon jetzt in Offenheit üben. Denken Sie an jemanden in Ihrem Leben, vorzugsweise an jemanden, mit dem Sie ein wenig Reibung haben oder mit dem Sie in der Vergangenheit vielleicht Schwierigkeiten hatten, sich einzufühlen, und fragen Sie sich dann:

Wie fühlt er sich im Moment? Wie verhält er sich, was sagt er und was drückt er aus? Mit anderen Worten: Wie muss es wohl sein, er zu sein?

Wenn Sie seine Emotionen erkennen können, fragen Sie sich, warum er so reagiert haben könnte. Können Sie erkennen, wie die Fakten seiner Persönlichkeit, Geschichte, Stärken, Schwächen usw. zu seiner Erfahrung beigetragen haben? Sie fragen sich wirklich: Inwiefern ergibt seine Realität für Sie einen Sinn?

Können Sie irgendwelche Gemeinsamkeiten zwischen Ihnen beiden finden? Haben Sie sich schon einmal wie diese Person gefühlt? Wenn nicht, können Sie sich vorstellen, wie es sich an ihrer Stelle anfühlen könnte?

Element 2: Sich in jemanden hineinversetzen

Empathie bedeutet nicht nur, abstrakt zu verstehen, dass jemand anderes in einer anderen Welt lebt als man selbst, oder ihn aus der Ferne mit distanziertem Interesse zu betrachten. Empathie bedeutet vielmehr, „sich in jemanden hineinzuversetzen" und diese Welt mit seinen Augen zu sehen. Das ist wichtig - Sie betrachten die Fakten seiner Erfahrung nicht aus Ihrer eigenen Perspektive, sondern aus derjenigen des anderen. Das führt Sie tiefer als eine bloße Bestätigung. Sie sehen, erkennen und respektieren den Unterschied nicht nur, sondern nehmen ihn an und machen ihn sich zu eigen (wenn auch nur vorübergehend).

Wenn wir einmal wirklich zugehört und die Erfahrung eines anderen gehört haben, wenn wir empfänglich dafür waren, wie es ist, er zu sein, können wir diese Perspektive für uns selbst einnehmen. Wir können seine

Gefühle fühlen und seine Gedanken denken. Natürlich ist Empathie ein intimer Akt, und es ist nicht wirklich möglich oder sogar wünschenswert, diesen Geisteszustand über längere Zeit aufrechtzuerhalten. Wenn wir Einfühlungsvermögen entwickeln, müssen wir uns bewusst sein, dass wir bewusst in ein anderes Leben hineinschauen, während wir gleichzeitig unser eigenes Selbstgefühl und die Grenzen, die es umgeben, aufrechterhalten.

Im Allgemeinen werden wir besser darin, uns in jemanden hineinzuversetzen, je öfter wir das tun. Das heißt, wenn uns jemand etwas erzählt, nehmen wir es nicht einfach hin und kümmern uns nicht weiter darum, sondern stellen Fragen, damit wir die Person besser verstehen. *Warum* sind bestimmte Dinge für diese Person wichtig? Wie denkt sie über XYZ, und wie passen ihre Grundwerte und Überzeugungen zusammen?

Wie erklärt sich jemand das Leben, welche Sprache verwendet er, worauf konzentriert er sich, und wie ist seine Einstellung? Wichtig ist, dass Sie seine Welt *so* sehen, *wie er sie sieht*, nicht wie Sie sie sehen. Aus Ihrer

Perspektive sind Sie vielleicht nicht damit einverstanden oder verstehen es überhaupt nicht. Aber können Sie erkennen, dass aus seiner Sicht seine Welt vollkommen Sinn macht und alles in Ordnung ist, wenn Sie Ihren Bezugsrahmen ändern?

Praktisch gesehen ist eine gute Möglichkeit, diese Fähigkeit zu entwickeln, vielleicht eine unerwartete: Lesen. Wenn Sie Belletristik lesen, werden Sie aufgefordert, sich das Leben aus der Sicht einer Figur vorzustellen. Man setzt seine eigene Identität für eine Weile außer Kraft und betrachtet die Welt stattdessen aus der Sicht dieser Figur. Dies ist dem nicht unähnlich, was Sie tun, wenn Sie sich die Realität einer anderen Person einfühlsam vorstellen. Ihre Welt mag eine Liebeskomödie sein, aber wie muss es sein, der Protagonist in einem Science-Fiction-Spionageroman zu sein, der 3000 Jahre in der Zukunft spielt?

Einige Fragen, die Sie sich stellen sollten, um sich in die Gedanken einer anderen Person hineinzuversetzen:

Was sind ihre Grundwerte? Wie kommen sie zum Ausdruck?

Wie wirke ich auf diese andere Person?

Was ist für diese Person wichtig? Was schmerzt sie und was erfüllt sie?

Was sind die Ziele dieser Person im Leben?

Wie denkt diese Person über sich selbst? (Das kann sehr aufschlussreich sein - nur wenige von uns können sagen, dass ihr Selbstbild mit dem allgemeinen Eindruck übereinstimmt, den wir auf andere machen!)

Element 3: Kommunikation der Akzeptanz

Der letzte Teil des empathischen Prozesses besteht darin, Ihr neues Gefühl des Verstehens und der Akzeptanz in die reale Welt zu bringen und es mit der anderen Person zu teilen. Sie könnten völliges Einfühlungsvermögen für ihre Gedanken und Gefühle haben und aufrichtig verstehen, woher sie kommen. Aber wenn Sie *nichts* unternehmen und nicht mitteilen können, dass Sie dieses Wissen haben, ist es fast so, als ob Sie es nicht hätten. Empathie ist dann am stärksten, wenn sie dem Objekt, auf das sie gerichtet ist, demonstriert werden kann, und wenn sie unser Verhalten in der realen Welt beeinflussen kann.

Bei diesem letzten und vielleicht wichtigsten Aspekt der Empathie müssen wir unsere Gefühle der Bestätigung und Akzeptanz aufgreifen und sie der anderen Person auf sinnvolle Weise vermitteln. Wir müssen zulassen, dass unser bereichertes Verständnis nicht nur ihnen als Individuen zugutekommt, sondern auch unsere Beziehungen verbessert und die Verbindung und das Verständnis vertieft.

Wie sieht das in der Praxis aus? Wenn Sie dieses Buch lesen und lernen, wie Sie Techniken wie Kommunikationsstile verändern können, haben Sie bereits einen Schritt in diese Richtung getan. Wenn wir aktive Maßnahmen ergreifen, um bessere Zuhörer zu werden, um Akzeptanz für andere zum Ausdruck zu bringen und um zu *zeigen*, wie Empathie in der realen Welt aussieht, indem wir sie bei Meinungsverschiedenheiten und Streitigkeiten vorleben, übersetzen wir Empathie in die Praxis.

Die Frage ist, wenn man sich einmal für die Erfahrung eines anderen geöffnet hat und sich mit Respekt und Akzeptanz darauf eingelassen hat, wie kann man sie dann vermitteln?

Wir können eine mitfühlende und sorgfältige Sprache wählen, die unseren Respekt und unser Verständnis zum Ausdruck bringt. Wir können etwas von uns selbst weitergeben, so dass die Worte „Ich verstehe" Gestalt annehmen. Wir können aufschlussreiche und durchdachte Fragen stellen, die zeigen, dass wir zuhören. Wir können uns an die Dinge erinnern, die mit uns geteilt wurden. Wir können Grenzen respektieren, wenn sie geltend gemacht werden, und die Verantwortung dafür übernehmen, wenn wir mal daneben liegen. Bei all diesen Dingen geht es nicht nur darum, sich zu kümmern, sondern auch zu *zeigen,* dass man sich kümmert.

Was Sie an diesem Punkt vielleicht noch nicht bedacht haben, ist, dass es in gewisser Weise unsere Pflicht gegenüber anderen ist, uns selbst gegenüber empathisch zu sein. Wenn wir lernen, uns selbst zu schätzen, werden wir zu Experten, und wir können diese Kompetenz dann an andere weitergeben und ihnen Akzeptanz und Validierung entgegenbringen. Wenn wir uns selbst lieben und für uns selbst sorgen, werten wir alle unsere Beziehungen und Interaktionen auf und inspirieren andere dazu, sich ebenfalls selbst zu validieren. Empathie ist nicht nur eine nette Idee, sondern etwas, das wir praktisch jeden Tag **tun**.

Wenn Sie sich die Mühe gemacht haben, einfühlsame und bestätigende Gefühle zu entwickeln, setzen Sie sie ein und stellen Sie die folgenden Fragen:

Was braucht diese Person im Moment am meisten?

Auf welche Weise trage ich dazu bei, wie sie sich fühlt, und welchen Anteil an der Situation habe ich?

Habe ich ehrlich und offen ausgedrückt, was ich fühle?

Habe ich meine eigenen Grenzen klar gesetzt und respektiere ich die Grenzen anderer?

Was könnte ich jetzt sagen oder tun, um die Situation zu verbessern?

Habe ich meine Akzeptanz und Offenheit gegenüber dieser Person vollständig zum Ausdruck gebracht - in Begriffen und einer Sprache, die sie verstehen wird?

Wenn Sie sich eingehender mit dem Thema Einfühlungsvermögen befassen, werden Sie feststellen, dass alle seine verschiedenen Aspekte eine Version eines oder mehrerer der oben genannten drei Elemente sind (der sechsstufige Validierungsprozess ist ein Beispiel dafür).

Wir können jedes Element als einen fortschreitenden Schritt verstehen, als einen Prozess, der in uns selbst beginnt und uns anderen immer näher bringt. Empathie beginnt in uns selbst (1), schlägt dann eine Brücke zu einer anderen Person (2) und verbleibt schließlich ganz bei ihr, indem wir unsere Empathie zum Ausdruck bringen (3). Vielleicht stellen Sie beim Üben fest, dass Sie das eine Element besser beherrschen als das andere. Großartig! Das kann Ihnen helfen, Ihre Bemühungen zu konzentrieren.

Schauen wir uns ein Beispiel an, bei dem alle drei Elemente zum Tragen kommen.

Nehmen wir an, Peter hat einen Freund, Mike, der ganz andere politische Ansichten hat als er. Weil er Mikes Freundschaft schätzt und weil er generell ein einfühlsamerer, verständnisvollerer Mensch sein möchte, beschließt Peter, seine Vorgehensweise bei den üblichen Meinungsverschiedenheiten zwischen den beiden zu ändern.

Insgeheim macht sich Peter daran, mehr über Mikes Standpunkt zu erfahren. Er liest neue Nachrichtenquellen und versucht, die vorgebrachten Argumente wirklich zu verstehen. Er stellt sein eigenes Urteilsvermögen zurück und versucht, mit offenen Augen zu begreifen. Kann er die Elemente in Mikes Leben erkennen, die diese Argumente für ihn attraktiv machen? Während er liest und recherchiert, wird ihm etwas klar: Mike ist ein sehr prinzipientreuer und leidenschaftlicher Mensch, der wirklich nur das Richtige tun will. Obwohl sie unterschiedliche Vorstellungen davon haben, was das „Richtige" ist, stellt Peter fest, dass er und sein Freund diese Leidenschaft tatsächlich teilen – und deshalb streiten sie so viel!

Das nächste Mal, wenn sie über Politik sprechen, ist Peter vorbereitet. Er lässt seine Urteile, Vorurteile und Annahmen darüber, was Mike glaubt, hinter sich. Stattdessen *fragt* er ihn. Er fragt wirklich. Mike fühlt sich durch die Aufmerksamkeit geschmeichelt und spricht offener als je zuvor. Er fühlt sich respektiert und hat zum ersten Mal das Gefühl, dass ihm wirklich zugehört wird. Peter ist erfreut und beschließt, weitere Maßnahmen zu ergreifen: Wäre Mike bereit, auch seine Sicht der Dinge zu hören? Vielleicht wäre er daran interessiert, einige von Peters Lieblingsbüchern zu diesem Thema zu lesen?

In dieser Geschichte kommen alle Elemente der Empathie zusammen: Offenheit, sich in den anderen hineinversetzen und echtes, bewusstes Handeln.

Spulen Sie ein paar Monate vor. Peter und Mike sind immer noch genauso uneins wie früher. Keiner von beiden hat den anderen zu seinem Standpunkt bekehrt, und keiner hat „gewonnen". Aber in gewissem Sinne haben sie etwas viel Wertvolleres erreicht: Ihre Freundschaft ist stärker als je zuvor, ihre Verbindung ist ehrlicher und offener, und sie **verstehen einander** wirklich. Dies ist das perfekte Beispiel dafür, wie emotionale Validierung an die Stelle von Übereinstimmung und Harmonie tritt. Wenn beide Menschen den anderen bereitwillig anerkennen und akzeptieren, spielt es keine Rolle, dass sie sich in den Details nicht einig sind.

Fazit

- Empathie und Validierung sind zwei sehr eng miteinander verbundene Konzepte. Validierung bedeutet, dass wir die Erfahrungen und Gefühle einer anderen Person akzeptieren, während Empathie bedeutet, dass wir die Welt so sehen wie sie und uns wirklich in ihre Lage versetzen. Man kann validieren, ohne wirklich einfühlsam zu sein und umgekehrt. Wenn wir jedoch beides miteinander verknüpfen, erhalten wir eine kraftvolle Kombination, die die Stimmung einer Person sofort heben kann, weil sie sich anerkannt und verstanden fühlt.

- Wir alle sollten uns bemühen, Empathie in uns selbst zu kultivieren. Es gibt drei Hauptschritte, um dies zu erreichen. Erstens: Wir müssen aufgeschlossen sein. Zweitens müssen wir lernen, uns in andere Menschen hineinzuversetzen. Drittens müssen wir unsere Akzeptanz ihrer Erfahrungen in angemessener Weise zum Ausdruck bringen.

- Aufgeschlossenheit ist eine allgemein gepriesene Tugend, mit der viele von uns zu kämpfen haben. Wir neigen dazu, Schwierigkeiten zu haben, die Art und Weise zu verstehen, wie andere Menschen die Welt wahrnehmen und Gefühle ausdrücken, wenn diese mit unseren eigenen Ansichten in Konflikt stehen. Der beste Weg, dies zu ändern, besteht darin, einfach mit Menschen mit unterschiedlichem Hintergrund und unterschiedlichen Ansichten zu sprechen. Setzen Sie sich mit anderen Diskursen und Sichtweisen auseinander. Reisen Sie, wenn Sie können, in die Ferne und machen Sie sich mit Kulturen vertraut, in denen Dinge anders gehandhabt werden als in Ihrer eigenen.

- Um sich in jemand anderen hineinzuversetzen, müssen wir ihm so viel Aufmerksamkeit wie möglich schenken, damit wir verstehen können, woher er kommt und welche Einflüsse im Spiel sind. Wir müssen unsere eigenen Ansichten zurückstellen und den Weg aus der Perspektive des anderen sehen. Eine gute Möglichkeit, sich diese Fähigkeit anzueignen, ist das Lesen von Belletristik. Dadurch versetzen Sie sich in die Gedanken einer Figur, die nicht Sie selbst sind, und Sie können beobachten, wie sie Ereignisse, Gefühle, Gedanken usw. beschreibt.
- Und schließlich ist unser Verständnis nur dann etwas wert, wenn wir es gut vermitteln können. Seien Sie vorsichtig mit den verbalen und nonverbalen Signalen, die Sie aussenden. Respektieren Sie Grenzen, wenn sie geltend gemacht

werden, und versuchen Sie, sich an die Dinge zu erinnern, die mit Ihnen geteilt wurden.

Kapitel 6. Einfühlsame Kommunikation

Um im Geiste der praktischen, kommunizierten Akzeptanz fortzufahren, werden wir in unserem letzten Kapitel einen tieferen Blick darauf werfen, wie wir durch Einfühlungsvermögen Validierung zeigen können, sowohl in der Art und Weise wie wir uns selbst ausdrücken, als auch in der Art und Weise, wie wir anderen zuhören. Auch hier gehen wir wieder ein wenig über die Validierung hinaus. Es ist zwar wunderbar, die Botschaft zu vermitteln: „Deine Sichtweise ist gültig", aber noch viel wirkungsvoller ist es, zu sagen: „Deine Sichtweise ist gültig, und ich habe echtes Verständnis und Mitgefühl dafür."

Empathie ist etwas, das wir für eine andere Person empfinden. Bei der empathischen Kommunikation geht es darum, diese Empathie zum Ausdruck zu bringen und dafür zu sorgen, dass die *andere Person diese Empathie ebenfalls spürt.* Mit anderen Worten: Der Nutzen unserer Empathie besteht darin, die Erfahrung eines anderen zu bereichern, und nicht nur unsere eigene.

Einfühlsame Kommunikation

Schauen wir uns die Grundlagen dessen an, was eine Kommunikation einfühlsam macht, und denken wir dabei an die drei wichtigen Elemente der Empathie, die bereits im vorherigen Kapitel beschrieben wurden. Hier werden wir uns all die Ideen ansehen, die wir bereits in diesem Buch behandelt haben, aber auf eine praktischere Art und Weise - was sind die konkreten Worte, die wir verwenden können?

Bevor wir uns damit befassen, müssen wir jedoch einige wichtige Grundsätze zur Kommunikation im Allgemeinen beachten. Erstens müssen wir ein klares, richtiges Verständnis davon haben, was genau

Kommunikation eigentlich ist. Menschen sind Individuen, aber wir alle existieren im Kontext zu anderen Individuen, zu Gruppen, Familien und Gemeinschaften. Wir sind alle eigenständige Wesen, aber wir sind notwendigerweise miteinander verbunden. Was verbindet uns? Die Kommunikation.

Wenn wir kommunizieren, sind drei wesentliche Teile daran beteiligt: derjenige, der die Nachricht sendet, derjenige, der die Nachricht empfängt, und die Nachricht selbst. Derjenige, der die Nachricht sendet, kodiert sie in einer Mischung aus verbaler und nonverbaler Sprache. Diese Nachricht wird in irgendeiner Form, z.B. schriftlich oder mündlich, an den Empfänger weitergegeben, der das „entschlüsseln" oder verstehen muss, was unsere Botschaft ist. Die Validierung ist eine Art der Kommunikation, die die Botschaft der Akzeptanz vermittelt. Obwohl wir hier nicht genug Platz haben, um das Thema Kommunikation zu sehr zu vertiefen, genügt es zu sagen, dass die Wirksamkeit jeder Kommunikation davon abhängt, wie gut der Sprecher die Botschaft an den Zuhörer vermittelt.

Der Erfolg der Kommunikation hängt von der Empathie des Sprechers, der Offenheit des Zuhörers und der Genauigkeit und Angemessenheit der Botschaft ab. Es lohnt sich, dies zu wiederholen: Kommunikation scheitert, wenn es dem Sprecher an Einfühlungsvermögen mangelt, der Zuhörer nicht zuhören will oder die Botschaft nicht in einer Sprache übermittelt wird, die der Zuhörer überhaupt versteht.

Wenn wir kommunizieren, müssen wir uns die Person, mit der wir sprechen, vorstellen. Wir müssen uns vorstellen, wer er oder sie ist, was er oder sie denkt, was er oder sie will, was er oder sie verstehen kann und welche Hindernisse es gibt, damit er oder sie uns wahrnimmt. Können Sie erkennen, dass Einfühlungsvermögen nicht nur praktisch für die Kommunikation ist, sondern etwas Grundlegendes? Wenn wir ohne Rücksicht auf die Ohren, die uns zuhören, ins Leere reden, kommunizieren wir nicht - wir führen einen Monolog.

Ein weiteres Grundprinzip ist, dass Kommunikation nicht nur aus Worten besteht. Wie wir gesehen haben, gibt es viele Möglichkeiten, die gleiche Botschaft zu übermitteln, und vieles kann durch Mimik, Körperhaltung, Betonung und sogar durch Dinge wie Kleidung oder Gesten „gesagt“ werden.

Empathische Kommunikation erfordert also, dass wir uns genau überlegen, wer wir sind, mit wem wir sprechen, und wie wir unsere Botschaft formulieren. Wir wissen, dass wir uns in einem Gespräch mit einem Fünfjährigen anders ausdrücken als in einem Gespräch mit einem Fünfzigjährigen. Uns ist auch klar, dass unsere Botschaft nur ankommen kann, wenn wir sie manchmal abmildern, ein wenig verpacken oder umformulieren, damit sie dem Geschmack des Gesprächspartners entspricht. Und wir wissen auch, dass wir, wenn wir eine völlig andere „Sprache“ sprechen als die Person, an die wir uns wenden, uns selbst und unsere Wortwahl ändern müssen, wenn wir verstanden werden wollen.

Dies ist die Wurzel der empathischen Kommunikation: **Wir verstehen zunächst die Perspektive unseres Gesprächspartners und passen dann unsere Gesprächsführung entsprechend an.**

Bedenken Sie Ihre eigene Rolle im Kommunikationsprozess:

Was ist Ihr Kommunikationsstil und wie wirkt er auf andere? Ist er in diesem Kontext angemessen?

Was können Sie in der Kommunikation gut und was sind Ihre Schwächen, Vorurteile oder Schwachstellen?

Wenn die Kommunikation bereits schwierig ist, zu welchen Barrieren tragen Sie bei oder erhalten sie aufrecht?

Liegt das Problem wirklich bei Ihnen und Ihrer Botschaft, oder liegt es daran, dass Sie noch nicht geübt haben, der anderen Seite zuzuhören?

Welches Medium nutzen Sie, um zu kommunizieren, welche Sprache verwenden Sie, wie ist Ihr Tonfall?

Und schließlich: Was wollen Sie mit Ihrer Kommunikation vor allem erreichen? Was erhoffen Sie sich davon, sich zu äußern? Sind Sie von Ihrem Ego getrieben, von dem Wunsch zu helfen, oder beugen Sie sich dem Druck von außen? Was sind Ihre bewussten oder unbewussten emotionalen Beweggründe, zu sprechen?

Wenn Sie sich häufig missverstanden fühlen, liegt das vielleicht nicht daran, dass die andere Person Sie nicht hören will oder kann, sondern an Ihrer Botschaft oder Ihrer persönlichen Art und Weise, wie Sie sie formulieren.

Sobald Sie Ihre eigene Rolle in dem Bild richtig verstanden haben, können Sie die Rolle der anderen Person betrachten. Hier können Sie keine Vermutungen anstellen. Sie können nicht davon ausgehen, dass die andere Person die Dinge weiß, die Sie wissen, dass sie sich dafür interessiert, was Ihnen wichtig ist, oder dass sie die gleichen Ziele oder sogar Bezugspunkte für die Kommunikation hat. Fragen Sie sich selbst:

Wer ist sie? Worauf legt sie Wert und warum?

Was ist ihr Kommunikationsstil und wie könnte dieser mit Ihrem interagieren?

Was könnte sie daran hindern, Sie wirklich zu verstehen? Wie können Sie die Dinge in ihrer „Sprache" formulieren?

Versetzen Sie sich in ihre Lage und stellen Sie sich vor, was sie von der Botschaft hält, die Sie weitergeben.

Was will sie, was treibt sie an?

Was ist ihre Geschichte und ihr Kontext, und wie unterscheidet er sich von Ihrem? Was ist ihr vertraut und was ist ihr fremd?

Welche Annahmen und Erwartungen könnte sie an Sie haben?

Wenn Sie beide Standpunkte betrachten, können Sie anfangen, potenzielle Hindernisse für das Verständnis und eventuelle Einschränkungen oder Meinungsverschiedenheiten zu erkennen. Und das führt Sie zum letzten Teil des Puzzles: nämlich die Botschaft selbst und wie sie so gestaltet werden kann, dass sie möglichst wirksam ist.

Was ist der Kern dessen, was Sie zu sagen versuchen? Warum sagen Sie es?

Welches ist das beste Format für diese Botschaft? Passt das Medium zur Botschaft?

Wie lang und wie ausführlich sollte diese Nachricht sein?

Welcher Ton würde am besten passen? Intensiv und direkt? Sanft? Spielerisch und respektlos? Vertraulich? Neutral und professionell?

Welche Art von Sprache ist am effektivsten - Jargon oder Slang? Logisch oder emotional? Direkt oder suggestiv? Würde es am besten funktionieren, wenn es als Erzählung, Debatte, Verteidigung oder neutraler Bericht präsentiert würde?

Soll sie geschrieben oder gesprochen werden? Digital geteilt werden? Können Bilder oder Metaphern helfen?

Welche Möglichkeiten für Missverständnisse gibt es und wie können Sie diese vermeiden?

Viele Menschen denken, dass es bei der Kommunikation darauf ankommt, was man sagt. Aber wie Sie sehen, kommt es auch darauf an, wer es sagt und wer es hört.

Um sicherzustellen, dass die Kommunikation so gut wie möglich ist, braucht man eine besondere Zutat: Empathie. Sie werden wahrscheinlich feststellen, dass es unmöglich ist, ein guter

Kommunikator zu sein, wenn man sich nicht auch gut in andere hineinversetzen kann. Kommunikation ist nie etwas Festes, Statisches, sondern ein lebendiges, dynamisches Gebilde, das sich ständig verändert und an die Menschen anpasst, die es nutzen. Unabhängig davon, wie und zu welchem Zweck Sie mit anderen in Kontakt treten, werden Sie immer die Kommunikation beherrschen müssen, und dazu brauchen Sie genügend Empathie, um zu wissen, wie „gute Kommunikation" überhaupt aussieht.

Empathie in der Kommunikation ist also die Fähigkeit, sich in die Welt eines anderen hineinzuversetzen und *mit ihm so zu sprechen, wie er diese Welt bewohnt*.

Die Anpassung unseres Kommunikationsstils und unserer Botschaft ist ein wenig so, wie wenn wir unsere Kleidung dem jeweiligen Anlass anpassen. Wenn wir uns anziehen, müssen wir das Wetter, die Formalität des Anlasses, unsere Figur, unser Alter, unser Geschlecht und unseren persönlichen Stil berücksichtigen. Aber wir müssen auch bedenken, wie andere Menschen uns sehen und wie wir von ihnen gesehen werden wollen.

In der Kommunikation ist das nicht anders - wir ändern uns je nach Zielsetzung und Zuhörerschaft. Schlechte Kommunikatoren berücksichtigen möglicherweise nicht einmal den Standpunkt ihres Gesprächspartners. Ihre mangelnde Empathie hält sie in ihrer eigenen Welt gefangen, und ihre Botschaft kommt vielleicht nicht an, weil sie nicht mit der Überlegung abgeschickt wurde, wohin sie gehen soll. Aber Sie würden ja auch keinen Brief ohne Absender in einen Briefkasten werfen und einfach hoffen, dass er an der richtigen Stelle ankommt. Sie müssen Ihre Kommunikation *gezielt* einsetzen. Und um die Metapher zu erweitern, lernen wir die emotionale „Adresse" der Menschen, mit denen wir sprechen, indem wir uns in Empathie üben.

Wenn wir Kommunikationsprobleme haben, ist es verlockend, sich vorzustellen, dass der andere etwas falsch versteht oder nicht richtig zuhört. Wir versuchen, uns Gehör zu verschaffen und uns verständlich zu machen, oder wir wiederholen aus

Frustration immer wieder das Gleiche. Aber Kommunikation ist nicht nur eine Fähigkeit, die man selbst besitzt - Kommunikation findet nur statt, wenn Sprecher, Zuhörer und Botschaft eine Einheit bilden. Andernfalls werden keine Informationen ausgetauscht, und es ändert sich nichts. Betrachten Sie das folgende Beispiel.

Beth ist neu in der Nachbarschaft und versucht, Freunde zu finden. Sie schließt sich einer Gemeindegruppe an, die sich um die örtliche Kirche herum gebildet hat, obwohl sie selbst nicht religiös ist. Aus Freundlichkeit lädt die Kirchengruppe sie eines Tages zu einem Treffen nach der Kirche ein. Sie geht hin. Es gefällt ihr jedoch nicht, und als sie gefragt wird, beginnt sie eine Rede darüber, dass sie mit dem Glauben dieser Leute nicht übereinstimmt und die ganze Sache lächerlich findet, und dass sie nicht wiederkommen wird, weil sie niemals die Wahnvorstellungen teilen könnte, die diese Leute offensichtlich haben.

Damit sorgt sie natürlich für große Verärgerung, verliert sofort ihre neuen Freunde und isoliert sich. Sie ist wütend auf sie: Wie können sie über sie urteilen, wenn sie nur ehrlich und „sich selbst treu“ war? Haben sie erwartet, dass sie lügen würde?

Wir sehen, was passiert ist. Beth hatte eine Botschaft mitzuteilen (d.h. sie mochte die kirchlichen Zusammenkünfte nicht und wollte nicht daran teilnehmen), aber sie verschwendete keinen einzigen Gedanken an die Menschen, denen sie diese Botschaft mitteilte. Sie dachte nur an ihre eigene Perspektive und versäumte es, sich vorzustellen, dass ihr Ausbruch aus der Sicht ihrer neuen Freunde furchtbar unhöflich und respektlos war.

Wenn Beth mehr Empathie gehabt hätte, hätte sie dem *emotionalen Inhalt* der Situation mehr Aufmerksamkeit schenken können. Hier waren Menschen, die anders waren als sie, die aber dennoch eine freundliche und einladende Geste machten. Sie hätte diese Einladung annehmen und höflich erklären können, dass die Kirchengruppe nicht das Richtige für sie ist, aber dennoch den freundschaftlichen Kontakt aufrechterhalten können, um mit ihnen auf andere Weise Zeit zu verbringen. Aber in Beths Kopf sagte sie die „Wahrheit“

und das war's. Sie kümmerte sich nicht um den Kommunikationsstil der anderen, den Kontext, ihre Vorurteile oder wie ihre Botschaft ankommen würde. Sie war eine schlechte Kommunikatorin.

Sie haben wahrscheinlich schon einmal etwas Ähnliches gehört, wenn jemand sagt: „Was? Ich sage doch nur, wie es ist", als ob es in der Kommunikation nur auf die sachliche Richtigkeit der mitgeteilten Daten ankäme. Aus diesem Grund ist es nicht so einfach, eine Liste mit „Dingen, die man sagen sollte, wenn man einfühlsam wirken will", zusammenzustellen. Gute Kommunikation hängt immer vom Kontext und von den Personen ab, die kommunizieren. Zu sagen: „Es tut mir leid, Sie müssen sich gerade schrecklich fühlen", kann in einem Kontext perfekt sein... und in einem anderen unglaublich unpassend. Mit Empathie erkennen wir den Unterschied.

Einfühlsames Zuhören

Was tun wir wirklich, wenn wir zuhören? Sitzen wir einfach nur da?

Wenn wir Meister der Validierung und der echten Empathie werden, ist Zuhören so viel mehr als nur die Zeit, in der wir *nicht* sprechen.

Aktives Zuhören bedeutet, dass Sie Ihre volle, bewusste Aufmerksamkeit auf das richten, was eine andere Person mitteilt. Es bedeutet, mit voller Aufnahmefähigkeit und einem großzügigen, akzeptierenden Geist präsent zu sein, der die Botschaft und die Perspektive der anderen Person vollständig in den Mittelpunkt stellt. Einfühlsames Zuhören ist alles andere als passiv, sondern erfordert bewusste Anstrengung und ist eine Fähigkeit, die wir ständig üben müssen.

Wenn wir zuhören, *verbinden* wir uns mit der Botschaft und mit der anderen Person. Wir nehmen sie auf, verarbeiten sie und geben sie wieder. Wir lassen ihre Äußerungen lebendig werden und respektieren ihre Bereitschaft, sich mitzuteilen, indem wir authentisch auf das reagieren, was wir hören. Das allein zeigt schon, dass uns das, was sie sagen, wichtig ist.

Es gibt mehrere Arten des einfühlsamen Zuhörens, und jede kann für einen bestimmten Kontext besser geeignet sein. Im Folgenden werden drei verschiedene Haltungen, Ansätze oder Techniken des aktiven und einfühlsamen Zuhörens beschrieben. Je nach den Umständen kann jeder Aspekt stärker oder schwächer ausgeprägt sein.

Raum schaffen

Der erste Schritt ist, wie wir gesehen haben, zuzuhören. Sich öffnen. Seien Sie präsent und lassen Sie die andere Person so sein, wie sie ist, und sagen, was sie möchte. „Raum schaffen" bedeutet, das eigene Ego aus dem Spiel zu lassen und der Botschaft, die mitgeteilt wird, ohne Unterbrechung, Interpretation oder Beurteilung ihre volle Gestalt zu geben.

Sie können nonverbal Raum schaffen, zum Beispiel mit einer offenen Körpersprache und einem aufgeschlossenen Gesichtsausdruck. Sie können Stille und echte Aufmerksamkeit nutzen, um die andere Person einzuladen, etwas mitzuteilen. Es ist ein wunderbares Geschenk, einem anderen Menschen den Raum zu geben, einfach so zu sein, wie er ist, und das zu fühlen, was er fühlt. Wenn wir Raum schaffen, denken wir nicht im Stillen darüber nach, was wir als Nächstes sagen werden, oder machen eine große Show aus unseren eigenen Reaktionen. Wir drängen die andere Person nicht und stürzen uns auch nicht auf eine Antwort, selbst wenn diese Antwort eine Ermutigung ist. Wir *lassen* die Dinge einfach zu.

Achten Sie genau auf jedes Wort, das sie sagen. Vergessen Sie für den Moment, was Sie denken, und stellen Sie sich vor, dass Sie nichts anderes zu tun haben, als dem zuzuhören, was sich in diesem Moment entfaltet. Schieben Sie Urteile und Ablenkungen beiseite. Das klingt einfach, kann aber sehr schwer sein!

Reflektierend

Wir können für die Menschen, die mit uns sprechen, wie ein Spiegel sein. Wir können ihre Botschaft empfangen und sie an sie zurücksenden, was extrem bestätigend ist.

Es ist, als würden wir sagen: „Aha, die Botschaft ist laut und deutlich angekommen. Ist das alles? Habe ich verstanden?“ Ein guter Spiegel reflektiert die Dinge so genau wie möglich - ein guter Spiegel ist unsichtbar und wird nur mit dem gefüllt, was er reflektiert.

Wenn Sie also nachdenken, halten Sie Ihre eigenen Interpretationen so weit wie möglich heraus. Paraphrasieren Sie, was Sie hören. In unserem sechsstufigen Validierungsprozess haben wir darüber gesprochen, wie man gefühlsbetonte Worte für die Botschaft findet, und das kann man auch hier tun, aber oft werden Sie feststellen, dass es effektiver ist, einfach die Sprache zu verwenden, die bereits auf dem Tisch liegt, vor allem wenn empathisches Zuhören Ihr Hauptziel ist.

Es kann besonders bestärkend sein, wenn man seine Gefühle zurückgespiegelt bekommt und nicht nur Fakten. Seien Sie ein Resonanzboden und geben Sie ein glaubwürdiges Echo, ohne sich von diesem Echo dominieren zu lassen. Ihre Reflexion sollte Sie unterstützen und ermutigen, anstatt vom Thema abzulenken oder es zu verändern.

Reagieren

Die dritte (und wohl aktivste) Art des Zuhörens besteht darin, dass wir auf das, was wir hören, mit Empathie und Mitgefühl reagieren. Niemand möchte gegen die Wand reden oder das Gefühl haben, dass seine Botschaft auf gleichgültige Ohren gestoßen ist. Es kann eine Bestätigung sein, zu sehen, dass andere *spüren*, was wir sagen, und darauf reagieren.

Aber hier müssen wir Vorsicht walten lassen. Unsere Reaktionen müssen gewollt und angemessen sein. Wenn uns jemand ein Geheimnis beichtet, wäre es verhängnisvoll, sofort mit Abscheu oder Schock zu reagieren. Andererseits kann es, wenn jemand eine traurige Geschichte erzählt, eine Bestätigung sein, wenn die Person, die zuhört, Verständnis zeigt, und dass sie auch von der Geschichte bewegt ist.

Die Reaktionen müssen nicht groß sein, um wirksam zu sein. Wir können zeigen, dass uns eine Geschichte berührt hat, indem wir einfach unseren Gesichtsausdruck verändern, bei wichtigen Punkten nicken oder ein „Aha“ oder „Ich verstehe“ hinzufügen, wenn es angebracht ist. Wir können auch eine subtile Reaktion zeigen, indem wir den Tonfall, die Körperhaltung oder den Gesichtsausdruck der anderen Person spiegeln. Damit zeigen wir nicht nur, dass wir zuhören und die emotionale Wirkung verstehen, sondern auch, dass wir zustimmen und dass wir mit der Reaktion der anderen Person einverstanden sind.

Wenn wir effektiv reagieren, geht es weniger um unser eigenes Urteil über das, was wir gehört haben, als vielmehr um eine echte Anerkennung des emotionalen Inhalts der Geschichte. Es ist immer eine gute Idee, in Gesprächen ehrlich zu sein, aber wir können dies auch mit dem abgleichen, was die andere Person von unserem Zuhören braucht. Wenn Ihnen jemand nach dem Verlust eines geliebten Menschen seine Trauer mitteilt, ist es durchaus akzeptabel zu sagen: „Ich kann mir nicht vorstellen, wie du dich jetzt fühlst“, wenn dies wirklich der Fall ist. Wenn Sie hingegen wirklich von dem Thema berührt und in seinem Namen traurig sind, kann es beruhigend sein, wenn Sie selbst etwas Trauer zeigen. Wenn wir anderen zuhören, müssen wir uns fragen, ob unsere Reaktionen die Empathie fördern oder behindern.

Raum schaffen, reflektieren oder reagieren. Jedes hat seinen Platz. Sie können feststellen, dass alle diese Ansätze beim Zuhören nützlich sind; Sie könnten damit beginnen, Raum zu schaffen und den Leuten einfach das Sprechen zu erlauben, aber nach und nach zu mehr Reflexion übergehen und schließlich Ihre eigene Reaktion zeigen.

Checkliste für einfühlsames Zuhören

War ich vorurteilsfrei?

Habe ich sowohl die Gefühle als auch die Fakten gehört?

Habe ich aufmerksam zugehört und dies auch gezeigt?

Habe ich einen Weg gefunden, über das Gehörte nachzudenken, zu antworten,

Fragen zu stellen oder mich anderweitig damit auseinanderzusetzen?

Im weitesten Sinne: Was will der Redner wirklich von mir und wie kann ich das zeigen?

Wie hat sich mein Zuhören ausgewirkt und wie kann ich meinen Ansatz am besten anpassen?

Die obige Checkliste können Sie innerlich während des Gesprächs selbst durchgehen. Wenn Sie damit beginnen, viel Raum zu schaffen, und feststellen, dass sich die andere Person mit zu viel Schweigen sehr unwohl fühlt und immer wieder um Ihr Feedback bittet, dann können Sie sich mehr auf die Reflexion und die Reaktion verlagern. Sie können mehr Fragen stellen oder versuchen, herauszufinden, was die andere Person in diesem Moment am meisten validieren würde.

Genau wie bei der einfühlsamen Kommunikation sollten Sie das **Zuhören aus der Perspektive der anderen Person betrachten**. Warum spricht sie? Was will und braucht sie von dem Gespräch und von Ihnen? Sucht sie nach Bestätigung oder Validierung? Oder hat sie einfach nur das Bedürfnis, laut zu sprechen und ihre Gedanken zusammenzufassen? Das können Sie nur herausfinden, indem Sie zuhören und die Wirkung Ihres Zuhörens beobachten.

Wenn Sie einmal nicht sicher sind, wie Sie mit den Emotionen einer Person umgehen sollen (z.B. wenn sie wütend ist oder Sie nur schwierig erkennen können, warum sie Ihnen von ihrer Erfahrung erzählt), ist es immer eine gute Idee, Fragen zu stellen. Wann immer Sie eine Frage stellen, bestätigen Sie, dass Sie anwesend sind und aufmerksam zuhören, auch wenn Sie vielleicht noch nicht alles verstehen.

Natürlich muss dies kein mysteriöser und subtiler Prozess sein. Sie können die Person auch direkt fragen, je nachdem, welche Beziehung Sie zu ihr haben:

„Wie soll ich dich jetzt unterstützen?“

„Es scheint, als bräuchtest du nur jemanden, der dir zuhört, ist das richtig? ”

„Möchtest du weiter über XYZ sprechen oder sollen wir das Thema fallen lassen?“

Sie können auch direkt über das Gespräch sprechen, das Sie gerade führen, entweder während oder nach dem Gespräch, und eine abschließende Bestätigung einschieben, bevor Sie das Gespräch beenden:

„Danke, dass du mir genug vertraust, um das mit mir zu teilen.“

„Ich bin so froh, dass wir geredet haben. Ich hoffe, du weißt, dass ich immer zur Verfügung stehe, wenn du etwas anderes besprechen möchtest.“

„Ich weiß es zu schätzen, dass du dieses Feedback gegeben hast.“

„Ich glaube, ich kann deine Situation jetzt viel besser verstehen. Du hast dich sehr klar ausgedrückt.“

Die oben beschriebenen Ansätze sind bei Konflikten oder Meinungsverschiedenheiten ebenso nützlich. Tatsächlich sind vollständige

Aufmerksamkeit und aufmerksames Zuhören oft *noch* wichtiger, wenn die andere Person wütend und feindselig ist, da man normalerweise keine fruchtbare Diskussion mit jemandem führen kann, bis er das Gefühl hat, seinen Teil gesagt zu haben und verstanden worden zu sein. Wenn Sie eine schwache, vorgetäuschte Entschuldigung anbieten und sofort zu Ausreden oder Rechtfertigungen übergehen, können Sie davon ausgehen, dass der Konflikt noch viel länger dauert!

Einfühlsame Kommunikation und aktives Zuhören sind beides Fähigkeiten, die geübt werden müssen - das Verständnis der dahinter stehenden Theorien ist nur der erste Schritt. Man kann etwas klasse finden, das man dann im Eifer des Gefechtes schnell aus den Augen verliert. Üben Sie diese Techniken also bei jedem Gespräch, an dem Sie beteiligt sind, und Sie *werden* sich verbessern.

In dem Maße, in dem Ihre Fähigkeit zur Selbstvalidierung und zur Selbstbestätigung zunimmt, wird auch Ihre Fähigkeit wachsen, Menschen wirklich zu verstehen und zu schätzen, genau so wie sie sind, mit

Verständnis und Einfühlungsvermögen. Ein letzter Trick, der fast zu einfach erscheint, besteht darin, dass Sie einfach Ihre Absicht verkünden, ein besserer Zuhörer und ein einfühlsamerer Gesprächspartner zu werden. Sie werden überrascht sein, wie gut Menschen darauf reagieren, wenn Sie sich ihnen gegenüber wirklich öffnen und sagen: „Ich möchte diese Situation wirklich aus *deiner* Perspektive sehen und verstehen. Ich bemühe mich, ein besserer Zuhörer zu sein. Würdest du mir helfen, es zu verstehen?"

Fazit

- Der Schlüssel zur effektiven Validierung einer Person liegt in der Fähigkeit zur einfühlsamen Kommunikation. Aber was ist Kommunikation eigentlich? Im Wesentlichen ist es die Übermittlung einer Nachricht von einem Sender an einen Empfänger. Die Botschaft muss so formuliert sein, dass sie für den Empfänger verständlich ist. Eines der Schlüsselelemente für eine erfolgreiche Kommunikation ist, dass der Sprecher Empathie besitzt. Um sicherzustellen, dass Ihre Worte wirksam übermittelt werden, müssen Sie also einfühlsam sein, d.h. Sie müssen sich bemühen, den Empfänger zu verstehen und herauszufinden, wie Sie Ihre Botschaft am besten an ihn weitergeben können.

- Genauso wie es eine einfühlsame Kommunikation gibt, gibt es auch einfühlsames Zuhören. Einfühlsames Zuhören ist dem aktiven Zuhören sehr ähnlich, bei dem die gesamte Aufmerksamkeit ausschließlich dem Sprecher gilt. Es gibt drei verschiedene Arten des einfühlsamen Zuhörens, nämlich Raum schaffen, reflektieren und reagieren.

- Wenn Sie Raum schaffen, stellen Sie Ihr eigenes Ego zurück und „machen Platz“ für die Botschaft, die durch verbale und nonverbale Hinweise übermittelt wird. Dinge wie das Herstellen von Augenkontakt und eine aufnahmebereite Körpersprache sind Beispiele für Raum schaffen.

- Wenn wir reflektieren, spiegeln wir das, was uns jemand gesagt hat, direkt an ihn zurück. Das ist der beste und einfachste Weg, jemandem das Gefühl zu geben, dass er gehört und verstanden wird, denn es ist der Beweis dafür, dass man die ganze Zeit zugehört hat. Versuchen Sie, Ihre eigenen Einsichten bei der Reflexion außen vor zu lassen und konzentrieren Sie sich einfach darauf, dieselben Gefühle und Worte zu projizieren, die Ihnen gesagt wurden.

- Reagieren ist die häufigste Form des Zuhörens, aber es ist auch diejenige, bei der wir am meisten Vorsicht walten lassen sollten. Reaktionen müssen nicht umfassend oder groß sein. Sie können subtil sein, z.B. wenn wir zusammen mit dem Sprecher mit dem Kopf nicken. Wie beim Reflektieren sollten unsere Reaktionen nicht unsere eigenen Standpunkte widerspiegeln, sondern vielmehr zeigen, dass wir die des anderen verstanden haben.

Zusammenfassung

KAPITEL 1. VALIDIERUNG ALS KOMMUNIKATIONSFERTIGKEIT

- Wenn wir jemanden validieren, bringen wir zum Ausdruck, dass wir die Erfahrungen, Gefühle, Gedanken und Realitäten dieser Person akzeptieren. Wenn wir jemanden im umgekehrten Falle entwerten, leugnen wir die Bedeutung seiner Probleme und Bedürfnisse oder spielen sie zumindest herunter. Obwohl Validierung heutzutage ein gängiges Wort ist, ist nicht immer klar, wie wir sie am besten anwenden oder warum wir sie überhaupt anwenden sollten. Tatsache ist, dass die Erfahrungen eines jeden Menschen von Natur aus gültig sind. Anstatt zu urteilen, sollten wir versuchen, die Menschen so zu akzeptieren, wie sie sind. Akzeptanz darf jedoch nicht mit Zustimmung verwechselt werden.

- Das Konzept der Validierung ist in der heutigen Zeit besonders relevant, da wir als Individuen sozial isoliert sind. Jemanden zu validieren ist ein Ausdruck der Solidarität mit ihm und gibt dem anderen das Gefühl, gehört und verstanden zu werden. Sie verleiht dem Leben Inhalt und ein Gefühl der Leichtigkeit, das uns sonst fehlen würde, wenn wir das Gefühl hätten, dass wir die Mühen des Lebens allein und ohne die Unterstützung anderer tragen müssen.

- Viele Menschen neigen dazu, Sympathie, Empathie und Validierung zu verwechseln, und in der Tat gibt es erhebliche Überschneidungen zwischen diesen drei Konzepten. Sympathie bedeutet jedoch, dass wir die Erfahrungen anderer durch unsere eigene Brille sehen und entsprechend reagieren.

Bei der Empathie versuchen wir, uns in die Erfahrungen anderer hineinzuversetzen, so wie sie sie erleben. Bei der Validierung schließlich bringen wir lediglich unsere Überzeugung zum Ausdruck, dass die Erfahrung einer anderen Person von Natur aus gültig ist.

- Es ist ganz natürlich, dass wir uns fragen, inwieweit und wie oft wir andere validieren sollten. Wir können nicht immer alles gutheißen, vor allem dann nicht, wenn dies negative Auswirkungen haben könnte. So ist es zum Beispiel keine gute Idee, aggressives oder potenziell gefährliches Verhalten eines Menschen zu validieren. Ebenso müssen wir uns vor Energievampiren in Acht nehmen, die uns die Kraft aus den Fingern saugen, indem sie sich endlos beschweren, ohne konkrete Schritte zur Verbesserung ihrer Situation zu unternehmen. Und schließlich ist es zwar generell nicht ratsam, unaufgefordert Ratschläge zu erteilen, aber wenn Sie jemand aktiv um Ratschläge bittet, sollten Sie diese nicht durch Validierung ersetzen, da dies keinen Zweck erfüllt.

KAPITEL 2. VALIDIERUNG - DIE GRUNDLEGENDEN SCHRITTE

- Marsha Linehan hat ein umfassendes, sechsstufiges Modell der Validierung entwickelt, das wir anwenden können, wenn wir anderen zuhören. Jeder Schritt in diesem Modell baut auf dem vorhergehenden auf. Man kann nicht von Schritt 1 zu Schritt 6 springen, sondern muss jeden Schritt in der Reihenfolge befolgen, um jemanden auf die bestmögliche, beruhigende Weise zu validieren.
- Der erste Schritt in diesem Modell besteht darin, einfach präsent zu sein. Hier müssen Sie der anderen Person aktiv zuhören und genau aufpassen. Geben Sie der anderen Person subtiles Feedback durch verbale und nonverbale Hinweise,

die bestätigen, dass Sie ihr zuhören. Dadurch fühlt sich die andere Person bei Ihnen wohler. Der zweite Schritt ist die genaue Reflexion. Hier müssen Sie das Gesagte zusammenfassen, um sich zu vergewissern, dass Sie verstanden haben, was Ihnen gesagt wurde. Halten Sie es einfach, aber aussagekräftig.

- Versuchen Sie als Nächstes, die subtilen Hinweise der anderen Person zu lesen. Dies erfordert einige Vermutungen, aber Sie brauchen nur so viele Informationen, dass Sie die Worte der Person mit einer Emotion verbinden können. In Schritt vier versuchen Sie dann, die Gedanken und Gefühle der Person in einen Zusammenhang mit aktuellen Ereignissen in ihrem Leben oder mit früheren Erfahrungen zu bringen, die sich auf ihre Reaktion ausgewirkt haben könnten.

- Schritt fünf besteht darin, der anderen Person einfach zu versichern, dass ihre Reaktion vernünftig ist und jeder andere in ihrer Lage genauso empfinden würde. In Schritt sechs schließlich können Sie die Erfahrungen der anderen Person mit Ihren eigenen vergleichen, wenn Sie sich in einer ähnlichen Situation befunden haben. Wenn Sie sich hier verletzlich zeigen, können Sie eine stärkere Bindung aufbauen und zu weiteren Gesprächen und Vertrauen einladen.

KAPITEL 3. INVALIDIERUNG UND SELBSTVALIDIERUNG

- Invalidierung bedeutet, etwas zu tun oder zu sagen, das einer anderen Person das Gefühl gibt, dass ihre Gedanken, Gefühle oder sogar ihr gesamtes Selbstverständnis falsch und unangemessen sind. Menschen, die in ihrer Kindheit regelmäßig invalidiert wurden, entwickeln im Erwachsenenalter schwere geistige und emotionale Probleme. Sie laufen Gefahr, psychische Störungen zu entwickeln, selbst invalidierende

Verhaltensweisen an den Tag zu legen, ein schwaches Selbstwertgefühl zu haben, ständig an sich selbst zu zweifeln und so weiter.

- Menschen, die andere invalidieren, tun dies im Allgemeinen aus zwei Gründen. Die einen haben gute Absichten, wissen aber einfach nicht, dass sie den anderen invalidieren. So passiert es unabsichtlich, dass sie die Probleme des anderen entweder herunterspielen, beurteilen oder leugnen. Es gibt jedoch auch eine andere Gruppe von Menschen, die andere absichtlich invalidieren, z.B. in Form von Gaslighting. Hier bringen Menschen andere dazu, an ihrer eigenen Wahrnehmung von Dingen zu zweifeln, indem sie sie ständig invalidieren.

- Zu den häufigsten Formen, in denen wir andere invalidieren, gehören eine abwertende Sprache, eine wertende Haltung, der Versuch, die Probleme einer anderen Person zu lösen, wenn diese nur gehört werden möchte usw. Vermeiden Sie Wörter wie „aber“, indem Sie sie durch „und“ ersetzen, und achten Sie auf Ihren Tonfall, wenn Sie sich unterhalten. Urteilen Sie nicht und denken Sie daran, dass Sie nicht um eine Lösung gebeten werden, sondern dass die andere Person einfach nur ihre Gedanken äußern möchte.

- Wenn Sie selbst von jemandem invalidiert werden, ist es wichtig, klare Grenzen zu ziehen, vor allem, wenn die andere Person Ihnen nahe steht. Wenn nicht, können Sie das Gespräch einfach beenden und den Kontakt einstellen. Wenn die Person Ihnen jedoch nahe steht, sollten Sie in aller Ruhe „Ich“-Aussagen machen, um zu vermitteln, wie Sie sich durch die Invalidierung gefühlt haben, und Grenzen setzen, die festlegen, wie Sie in Zukunft behandelt werden möchten.

- Wenn eine andere Person Ihnen nicht die gewünschte Validierung gibt, üben Sie sich in Selbstvalidierung. Verwenden Sie

Affirmationen, führen Sie ein Tagebuch, üben Sie positive Selbstgespräche, oder wenden Sie selbst das Sechs-Schritte-Modell von Linehan an. All diese Praktiken helfen Ihnen, sich selbst zu validieren und weniger von anderen abhängig zu sein, um Ihre Gedanken und Gefühle zu bestätigen.

KAPITEL 4. VALIDIERUNG UND KONFLIKTE

- Es ist eine Sache, jemanden zu validieren, wenn sich seine Beschwerden gegen jemand anderen richten. Eine ganz andere Sache ist es, dies zu tun, wenn Sie selbst die Quelle seiner Frustrationen sind. Eine weitere Herausforderung ist es, jemanden zu bestätigen, wenn er Ansichten oder Gedanken vertritt, die Sie moralisch verabscheuen. In beiden Fällen ist es jedoch wichtig, dass wir uns auf die Person und nicht auf den Inhalt ihrer Argumente konzentrieren. Denken Sie immer daran, dass Validierung nicht gleichbedeutend ist mit Zustimmung; Sie können validieren, ohne die Ansichten der anderen Person zu akzeptieren.

- Es gibt drei einfache Schritte, die Sie befolgen können, wenn Sie versuchen, jemanden, der unangenehme Äußerungen macht, zu validieren. Erstens: Versuchen Sie, die Gefühle und den Standpunkt der Person zu verstehen, bevor Sie versuchen, Ihren eigenen Standpunkt zu vertreten. Zweitens: Konzentrieren Sie sich auf die Person, auf das, was sie gerade durchmacht und ihren Hintergrund, bevor Sie urteilen. Drittens: Konzentrieren Sie sich und versuchen Sie, Gemeinsamkeiten zwischen Ihnen beiden zu finden. Selbst wenn es so aussieht, als gäbe es keine, gibt es wahrscheinlich doch welche. Sie müssen nur vermeiden, dass Sie sich von dem Gespräch so sehr ablenken lassen, dass Sie aufhören zu suchen.

- Man hat leicht das Gefühl, etwas Falsches zu tun, wenn man jemanden validiert, der Dinge sagt, die man beunruhigend oder sogar schlimm findet, aber es ist wichtig, sich vor Augen zu halten, dass validieren nicht gleichbedeutend ist mit zustimmen. Es ist wichtig, dass wir anerkennen, dass jeder Mensch eine innere emotionale Realität hat, die auf ihre eigene Weise gültig ist, und dass wir kein Recht haben, ihn dafür zu verurteilen, vor allem, wenn wir uns nicht die Zeit und Mühe genommen haben, sie richtig zu verstehen.

- Jemanden zu validieren, der wütend auf Sie ist, ist eine subtile, aber sehr nützliche Fähigkeit. Das Wichtigste dabei ist, dass Sie sich immer wieder vor Augen führen, dass es nicht darum geht, einen Streit zu gewinnen und Ihre Überlegenheit gegenüber dem anderen zu beweisen. Sie erlauben der Person lediglich, ihre

Gefühle auszudrücken und akzeptieren diese, auch wenn Sie nicht mit ihnen übereinstimmen. Hören Sie der Person aufmerksam zu, übernehmen Sie die Verantwortung für Ihre Handlungen, bringen Sie Ihre Sicht der Dinge ruhig und ohne das Gesagte zu entkräften vor, und beenden Sie das Gespräch mit einer weiteren Bestätigung und der Einordnung des Problems als ein „Wir"-Problem und nicht als ein „Ich gegen dich"-Problem.

KAPITEL 5. EMPATHIE: JENSEITS DER VALIDIERUNG

- Empathie und Validierung sind zwei sehr eng miteinander verbundene Konzepte. Validierung bedeutet, dass wir die Erfahrungen und Gefühle einer anderen Person akzeptieren, während Empathie bedeutet, dass wir die Welt so sehen wie sie und uns wirklich in ihre Lage versetzen. Man kann validieren, ohne wirklich einfühlsam zu sein und umgekehrt. Wenn wir jedoch beides miteinander verknüpfen, erhalten wir eine kraftvolle Kombination, die die Stimmung einer Person sofort heben kann, weil sie sich anerkannt und verstanden fühlt.

- Wir alle sollten uns bemühen, Empathie in uns selbst zu kultivieren. Es gibt drei Hauptschritte, um dies zu erreichen. Erstens: Wir müssen aufgeschlossen sein. Zweitens müssen wir lernen, uns in andere Menschen hineinzuversetzen. Drittens müssen wir unsere Akzeptanz ihrer Erfahrungen in angemessener Weise zum Ausdruck bringen.

- Aufgeschlossenheit ist eine allgemein gepriesene Tugend, mit der viele von uns zu kämpfen haben. Wir neigen dazu, Schwierigkeiten zu haben, die Art und Weise zu verstehen, wie andere Menschen die Welt wahrnehmen und Gefühle ausdrücken, wenn diese mit unseren eigenen Ansichten in Konflikt stehen.

Der beste Weg, dies zu ändern, besteht darin, einfach mit Menschen mit unterschiedlichem Hintergrund und unterschiedlichen Ansichten zu sprechen. Setzen Sie sich mit anderen Diskursen und Sichtweisen auseinander. Reisen Sie, wenn Sie können, in die Ferne und machen Sie sich mit Kulturen vertraut, in denen Dinge anders gehandhabt werden als in Ihrer eigenen.

- Um sich in jemand anderen hineinzuversetzen, müssen wir ihm so viel Aufmerksamkeit wie möglich schenken, damit wir verstehen können, woher er kommt und welche Einflüsse im Spiel sind. Wir müssen unsere eigenen Ansichten zurückstellen und den Weg aus der Perspektive des anderen sehen. Eine gute Möglichkeit, sich diese Fähigkeit anzueignen, ist das Lesen von Belletristik. Dadurch versetzen Sie sich in die Gedanken einer Figur, die nicht Sie selbst sind, und Sie können beobachten, wie sie Ereignisse, Gefühle, Gedanken usw. beschreibt.

- Und schließlich ist unser Verständnis nur dann etwas wert, wenn wir es gut vermitteln können. Seien Sie vorsichtig mit den verbalen und nonverbalen Signalen, die Sie aussenden. Respektieren Sie Grenzen, wenn sie geltend gemacht werden, und versuchen Sie, sich an die Dinge zu erinnern, die mit Ihnen geteilt wurden.

KAPITEL 6. EINFÜHLSAME KOMMUNIKATION

- Der Schlüssel zur effektiven Validierung einer Person liegt in der Fähigkeit zur einfühlsamen Kommunikation. Aber was ist Kommunikation eigentlich? Im Wesentlichen ist es die Übermittlung einer Nachricht von einem Sender an einen Empfänger. Die Botschaft muss so formuliert sein, dass sie für den Empfänger verständlich ist. Eines der Schlüsselelemente für eine erfolgreiche Kommunikation ist, dass der Sprecher Empathie besitzt. Um sicherzustellen, dass Ihre Worte wirksam übermittelt werden, müssen Sie also einfühlsam sein, d.h. Sie müssen sich bemühen, den Empfänger zu verstehen und herauszufinden, wie Sie Ihre Botschaft am besten an ihn weitergeben können.

- Genauso wie es eine einfühlsame Kommunikation gibt, gibt es auch einfühlsames Zuhören. Einfühlsames Zuhören ist dem aktiven Zuhören sehr ähnlich, bei dem die gesamte Aufmerksamkeit ausschließlich dem Sprecher gilt. Es gibt drei verschiedene Arten des einfühlsamen Zuhörens, nämlich Raum schaffen, reflektieren und reagieren.

- Wenn Sie Raum schaffen, stellen Sie Ihr eigenes Ego zurück und „machen Platz“ für die Botschaft, die durch verbale und nonverbale Hinweise übermittelt wird. Dinge wie das Herstellen von Augenkontakt und eine aufnahmebereite Körpersprache sind Beispiele für Raum schaffen.

- Wenn wir reflektieren, spiegeln wir das, was uns jemand gesagt hat, direkt an ihn zurück. Das ist der beste und einfachste Weg, jemandem das Gefühl zu geben, dass er gehört und verstanden wird, denn es ist der Beweis dafür, dass man die ganze Zeit zugehört hat. Versuchen Sie, Ihre eigenen Einsichten bei der Reflexion außen vor zu lassen und konzentrieren Sie sich einfach darauf, dieselben Gefühle und Worte zu projizieren, die Ihnen gesagt wurden.

- Reagieren ist die häufigste Form des Zuhörens, aber es ist auch diejenige, bei der wir am meisten Vorsicht walten lassen sollten. Reaktionen müssen nicht umfassend oder groß sein. Sie können subtil sein, z.B. wenn wir zusammen mit dem Sprecher mit dem Kopf nicken. Wie beim Reflektieren sollten unsere Reaktionen nicht unsere eigenen Standpunkte widerspiegeln, sondern vielmehr zeigen, dass wir die des anderen verstanden haben.

[redacted] Tagesticket Tirol 2Plus

Personenverkehr AG

VVT

AuftragNr: 4688 8076 5922 3973

16.11.2024 - **16.11.2024**

Gültig in:

Ganz Tirol (nur Nahverkehr)

1 x Tagesticket Tirol

2. Klasse

€ 38,30 inkl. 10% Steuerbetrag € 3,48

Stufe 2

SEW 05385 16·11·24

POS. 2639015479|2184-80-359060|4688 8192 0148 5567|20241116/12:08

2 **63901 5479**

© CIT 2012
AT1181HAL

Str. K1-002EL FAA
167695/06/23

Es gelten die Tarifbestimmungen des genutzten Verkehrsunternehmens, bei Verbund-Tickets die des jeweiligen Verkehrsverbundes.
ÖBB Tarifbestimmungen sowie Infos zu Fahrgastrechten sind unter **oebb.at** und bei ÖBB Verkaufsstellen einsehbar. Informationen dazu erhalten Sie auch beim ÖBB Kundenservice 05-1717. Bitte bewahren Sie ihr Ticket bis zum Verlassen der Ausstiegsstation sorgfältig auf.

2 **63901 5480**

© CIT 2012
AT1181HAL

Str. K1-002EL FAA
167695/06/23

Es gelten die Tarifbestimmungen des genutzten Verkehrsunternehmens, bei Verbund-Tickets die des jeweiligen Verkehrsverbundes.
ÖBB Tarifbestimmungen sowie Infos zu Fahrgastrechten sind unter **oebb.at** und bei ÖBB Verkaufsstellen einsehbar. Informationen dazu erhalten Sie auch beim ÖBB Kundenservice 05-1717. Bitte bewahren Sie ihr Ticket bis zum Verlassen der Ausstiegsstation sorgfältig auf.

Printed in Poland
by Amazon Fulfillment
Poland Sp. z o.o., Wrocław

42787440R00121